JOYEUSE PAGAILLE

RÉGIS PORTE

Editions ART ET COMÉDIE
2, rue des Tanneries
75013 PARIS

Joyeuse Pagaille dans ma tête…
En espérant qu'elle est contagieuse…
Le remède : le rire !

Régis Porte

PERSONNAGES

MARINA, femme d'affaires.

ISABELLE DAIZEAU, directrice d'agence de location.

COLETTE, la belle-mère.

HAROLD, le président.

CHRISTIAN, le mari.

CAROLE, le « bébé ».

DÉCOR

Un salon traditionnel.
Au centre, un canapé, quelques fauteuils, chaises, une petite table.
Des tableaux accrochés aux murs.
A jardin, une porte donnant sur la cuisine.
Au fond centre, la porte d'entrée.
A cour, une porte donnant sur un couloir censé distribuer les autres pièces : chambres, bureau, salle de bains, dressing…
Le décor respire l'aisance, le confort, le bien-être au féminin.

Le rideau s'ouvre sur le salon non éclairé.
Marina entre par la porte d'entrée, un imperméable sur les épaules. D'une main, elle tire un trolley et de l'autre, elle tient un bouquet de fleurs. Elle allume : le décor s'inonde de lumière. Elle range le trolley dans le couloir puis dépose le bouquet dans un vase. Elle jette son manteau négligemment sur un fauteuil. Avec infiniment de plaisir, elle s'allonge sur le canapé. Elle apprécie cette fin de journée. Elle prend un livre mais très vite le sommeil la surprend. Le livre est prêt à tomber. Elle se réveille juste avant sa chute.
Elle se lève et disparaît dans la cuisine.
Le téléphone du salon sonne.
Sans précipitation, elle revient avec un plateau-repas. Elle décroche.

MARINA *(au téléphone)* - Allô ! (…) Elise ! Comment va ma meilleure amie ? (…) Je n'ai aucune envie de sortir ce soir. (…) N'insiste pas. (…) Je rentre de Londres, un congrès épuisant… Je m'apprête à dîner en tête-à-tête avec moi-même, accompagnée d'un joli bouquet que je me suis offert. (…) Ce sont les hommes qui offrent des fleurs ? Sans doute. Tu sais très bien que je vis seule et que le meilleur moyen d'avoir un bouquet, c'est que je me l'offre. (…) Comment ça c'est triste ? Ton cher mari, ça remonte à quand son dernier bouquet ? (…) Tu es toute seule à la maison ? C'est le bonheur ! (…) Ton mari est au foot avec les enfants ? Je t'ai toujours dit que le foot avait de bons côtés. Profites-en pour te choyer. (…)

Non, n'insiste pas, je n'ai aucune envie de sortir. Ce soir, je profite de moi. Luxe suprême des célibataires ! Je vais jeter un œil sur quelques dossiers et je me couche. (…) Moi aussi je t'embrasse, ma cocotte. *(Elle coupe la communication, contemple le plateau-repas et le livre.)* Je commence par quoi ? Un petit peu des deux… *(Elle lit et grignote en même temps.)* Je suis au paradis ! *(Son portable sonne. Elle le cherche. Elle le trouve dans la poche de son manteau et décroche.)* Oui ? (…) *(Surprise.)* Non ! (…) Bonsoir monsieur le président ! (…) A cette heure ? Je veux dire, comment allez-vous monsieur le président ? (…) Effectivement, je rentre de Londres où j'ai réglé les problèmes avec la société « I Love You and Compagny ». (…) Je vous en informerai lundi matin au bureau. (…) Vous ne serez pas là ? *(Ravie.)* Comme c'est dommage ! Et vous, monsieur le président, toujours en Australie ? (…) Vous êtes de retour ! Déjà ? (…) Et vous repartez pour New York… (…) Ah ! je préfère ! (…) Non, je me disais que ça doit être fatigant ! (…) Comment ça que je vienne vous parler de ma réunion londonienne pendant votre transit à l'aéroport ? (…) Votre mission aux Etats-Unis en dépend ? (…) Je comprends bien, monsieur le président, mais c'est impossible, je suis chez moi ! (…) Pourquoi ? Oui, pourquoi… Parce que j'ai une famille, avec un mari et un bébé et… une belle-mère par-dessus le marché, voilà pourquoi je ne peux pas me rendre à l'aéroport, monsieur le président ! (…) Je vous ai toujours dit que j'étais célibataire ? C'est exact, je le suis. Ça n'empêche pas d'avoir un mari et une famille ! (…) N'insistez pas. (…) Mon mari est dans le bain avec notre fille… (…) Et moi, qu'est-ce que je fais ? Je prépare le repas comme toute bonne mère. (…) Vous avez plus de deux heures d'attente pour votre prochain vol ? Ah oui ! C'est un vrai transit ! (…) Quoi ? Vous allez venir ici ? Mais monsieur le président… (…) Seulement cinq minutes ? (…) Vous vous ferez tout petit ? Ça m'étonnerait… (…) Vous êtes ravi de faire la connaissance de mon mari ? (…) Bon… si je ne dois rien dire… à tout de suite monsieur le président… *(Elle raccroche, catastrophée.)* Il veut faire la connaissance de mon mari ! Il y a un problème : je n'en ai pas ! Je lui dirai qu'il est au foot… avec la belle-mère ! D'un autre côté, chez moi, seule avec le président, je connais sa réputation. Je dois me trouver un mari ce soir. Il y a bien une copine qui va me prêter le sien ! *(Elle prend son téléphone, compose un numéro.)* Allô ! Ma cocotte ? (…) Non, je ne suis toujours pas libre, je vais même devenir très occupée. Dis-moi, je pourrais t'emprunter ton mari pour une heure ou deux ? (…) Ne crie pas comme ça ! Ce n'est pas pour ce que tu penses. Figure-toi que mon président débarque à l'improviste chez moi et, pour freiner ses élans, je me suis inventé une famille. (…) Je sais que je n'en ai pas, c'est pour ça que je t'appelle. (…) Il est toujours au foot ? (…) Comment ça de toute façon tu ne me le prêteras pas ? Bonjour les copines ! (…) Qu'est-ce que je vais faire ? Et en plus, je lui ai dit que j'avais un bébé et une belle-mère ! La famille complète sans le chien ! (…) Moque-toi de moi… *(Ravie d'entendre ce que lui dit Elise au téléphone.)* Non ! (…) T'es sûre ? (…) Même à cette heure ? (…) Merci du tuyau, je te tiens au courant. *(Elle coupe la communication et compose un numéro.)* Allô ! Je suis bien à l'agence « Des filles et des gars Daizeau » ? (…) Si je vous demande un mari, une fille et une belle-mère à louer immédiatement, est-ce que je fais une bonne pioche ? C'est une urgence extrêmement urgente ! (…) Bien sûr, vous pouvez venir chez moi. (…) J'habite rue de l'Espérance, numéro 7… (…) Je vous attends. *(Elle coupe la communication et réfléchit en observant son plateau-repas.)* Ça c'est foutu ! J'aurais dû dire non à mon patron, que je ne pouvais pas le recevoir ! Faut toujours que j'en rajoute. Ça coupe l'appétit ces affaires-là ! *(Elle disparaît dans la cuisine pour ranger son plateau-repas. La sonnette de la porte d'entrée retentit.)* Oui ! Oui ! J'arrive ! *(Pour elle.)* Pourvu que ce ne soit pas le président !

Marina ouvre la porte d'entrée. Isabelle Daizeau se présente. Elle porte des albums photos volumineux sous le bras.

ISABELLE - Bonjour! Vous venez de m'appeler, je suis Isabelle Daizeau de l'agence « Des filles et des gars Daizeau ».

MARINA - Vous, au moins, vous ne perdez pas de temps !

ISABELLE - Vous avez dit urgence urgente, j'arrive toutes sirènes dehors !

MARINA - Il y a même péril en la demeure ! Mon patron débarque d'une minute à l'autre. Je ne voulais pas qu'il vienne et, comme il a insisté, je lui ai avoué que j'avais une famille, un mari, une fille et une belle-mère, que je ne pouvais vraiment pas le recevoir…

ISABELLE - Oui, oui, oui. Et vous n'avez rien de tout ça.

MARINA - Et pour cause : je suis célibataire. J'ai pensé qu'en inventant une famille, il refuserait de venir. Pas du tout ! Il est ravi de la rencontrer.

ISABELLE - Oui, oui, oui, oui, oui.

MARINA - Il est probablement dans un taxi. Les minutes sont comptées.

ISABELLE - Oui, oui, oui, oui, oui.

MARINA - Encore une chose : il va rester qu'une heure ou deux, il reprend un avion pour New York.

ISABELLE - Oui, oui, oui, oui, oui.

MARINA - Vous dites toujours « oui, oui, oui, oui, oui » ? Je vous préviens, ça va m'énerver.

ISABELLE - Oui, oui, oui… Pardonnez-moi, c'est ma façon de réfléchir. Alors vous cherchez un mari, une fille et une belle-mère.

MARINA - Oui, oui, oui, oui, oui… Allons bon ! Vous m'avez passé votre truc !

ISABELLE - J'ai la réponse à votre attente. Tout est là ! *(Elle montre ses albums.)* On commence par quoi ?

MARINA - Le plus facile.

Isabelle - La belle-mère. J'en ai en pagaille.

Marina - Une suffira.

Isabelle - Oui, oui, oui, oui, oui.

Marina - Vous n'allez pas remettre ça !

Isabelle *(très professionnelle)* - Vous la voyez comment ? Grande, petite, brune, blonde, boulotte, sportive, bourgeoise, bras cassé ?

Marina - Bras cassé ?

Isabelle - Il y a de la demande pour un bras dans le plâtre ou une jambe… Un accidenté, dans une famille, ça impose le respect.

Marina - Quelle drôle d'idée !

Isabelle - Je me plie à la demande des clients.

Marina - Je ne vais tout de même pas faire appel à une belle-mère qui a le bras dans le plâtre !

Isabelle - Je vous rassure, aucune n'a le bras cassé. Elles simulent.

Marina - Restons en bonne santé.

Isabelle - Vous avez raison, la recherche sera plus facile. Attendez… *(Elle observe attentivement Marina.)*

Marina - Que faites-vous ?

Isabelle - Oui, oui, oui, oui, oui… C'est pour voir la tranche d'âge des belles-mères. *(Elle ouvre un album au milieu. Marina plonge son regard.)* Voilà celles qui vous correspondent.

Marina - Elles sont vieilles et moches ces belles-mères-là !

Isabelle - Elles font vrai.

Marina - J'en voudrais une sympathique, cultivée, souriante, beaucoup de classe…

ISABELLE - Je vous arrête tout de suite. Vous cherchez une belle-mère, pas une copine. Faut taper dans le réalisme, sinon on n'y croit pas. Oubliez la souriante, sympathique… « Faut du crédible », c'est la devise de mon agence « Des filles et des gars Daizeau ».

MARINA - Celle-là, à la rigueur…

ISABELLE - Sylvie ? Impossible, elle est aux Antilles.

MARINA - Elle en a de la chance !

ISABELLE - Elle accompagne une famille qui a gagné le grand prix des familles unies. Il leur manquait une belle-mère, je leur en ai fourni une.

MARINA - Ce n'est pas honnête !

ISABELLE - Vous aussi, vous allez tricher.

MARINA *(le regard sur une photo de l'album)* - Oh ! c'est monstrueux ! Regardez-moi celle-là ! Vous avez vu ce popotin ?

ISABELLE - C'est le mien !

MARINA - Pardonnez-moi, sans doute la qualité de la photo.

ISABELLE - Il m'arrive de temps en temps d'intervenir.

MARINA - Je ne trouve rien… Et le président qui doit arriver d'une minute à l'autre…

ISABELLE - Vous allez devoir ne pas être trop difficile, d'autant que les belles-mères, faut pas les brusquer. Elles aiment être prévenues un peu à l'avance, se pouponner, s'apprêter… Tout un rituel. *(Consultant l'album.)* Observez-la bien, elle est parfaite, une pro de la belle-mère !

MARINA - Montrez… Je comprends qu'elle soit libre ! Il me faut quelqu'un qui présente bien auprès de mon président.

ISABELLE *(examinant une autre photo)* - Colette ! Une classe, un maintien… sachant s'adapter à toute situation. Sa dernière prestation, elle a joué une belle-mère alcoolique à la perfection.

MARINA - Je ne lui en demande pas tant !

ISABELLE *(composant un numéro sur son portable)* - Vous verrez, elle est très bien… *(Au téléphone.)* Allô ! Colette ? (…) Isabelle Daizeau de l'agence « Des filles et des gars Daizeau »… Etes-vous libre ce soir ? C'est une urgence ! (…) Je demande à la cliente… *(A Marina.)* Vous remboursez le taxi ?

MARINA - S'il faut en passer par là…

ISABELLE *(au téléphone)* - Pas de problème, vous serez rentrée avant minuit, le taxi sera réglé. (…) C'est au 7 rue de l'Espérance. (…) Non, pas cette fois-ci. Vous la jouerez sobre ! *(Elle coupe la communication.)* Et voilà votre belle-mère ! Vous n'allez pas être déçue. On attaque le mari.

MARINA - A l'attaque !

ISABELLE - Les maris… *(Elle change d'album, observe de nouveau Marina.)* Pour vous, c'est entre vingt et vingt-cinq.

MARINA - Entre vingt et vingt-cinq ?!

ISABELLE - Ne rêvez pas, je ne parle pas de l'âge mais des numéros de pages de l'album. *(Ouvrant l'album.)* Regardez-moi tous ces beaux mâles !

MARINA *(examinant les photos de l'album)* - Pardonnez-moi, je ne dois pas avoir le même regard que vous. Ce ne sont que des grands-pères.

ISABELLE - Je répète ma formule : « Faut taper dans le réalisme. »

MARINA - Pour une fois que je m'offre un mari, autant qu'il me plaise ! C'est l'album des horreurs ! Vous êtes sûre que ce sont les bonnes pages ? Je ne peux pas en avoir un plus jeune ?

ISABELLE - Jetez un coup d'œil mais votre mari aura l'air d'être votre fils !

Marina se précipite sur les autres pages.

MARINA - Ah ! en voilà des beaux ! Ils me conviennent parfaitement. Regardez celui-là, on dirait Apollon !

ISABELLE - Justement, il est en voyage de noces à Bora Bora.

MARINA - Et lui, il me fait penser à un gladiateur. Regardez-moi ces muscles, ces cuisses… Je le veux !

ISABELLE - Ne vous excitez pas. Vous cherchez un mari, pas un boyfriend ! Je vous rappelle que le temps presse.

MARINA - Quel dommage ! Quel gâchis ! Ça va me coûter une fortune cette histoire-là et je ne peux même pas m'amuser.

ISABELLE - Voilà ce qu'il vous faut.

MARINA - Evidemment, ça change !

ISABELLE - Gustave, homme très sympathique, portant bien le costume, belle allure…

MARINA - C'est le portrait craché de mon percepteur !

ISABELLE - Et Christian ? Ne faites pas la difficile, c'est le dernier que j'ai à vous proposer. Il présente très bien. Il est juste un peu limité.

MARINA - Qu'entendez-vous par « limité » ?

ISABELLE - Le genre de personnage qui est dans les nuages, dans son monde, très sympathique au demeurant… Ne pas lui poser de questions et tout sera parfait.

MARINA - Dangereux… Tournez la page pour en voir un autre… *(Elle tourne la page pour découvrir un autre modèle.)* Mais il a quel âge ?

ISABELLE - Ce sont les grands-pères. Christian va faire votre affaire. Je vais juste le briefer. Il tiendra parfaitement le rôle de votre mari. *(Elle compose un numéro de téléphone.)*

MARINA - Si vous le dites.

ISABELLE - Pourvu qu'il réponde !

MARINA - Pourquoi ? Il est sourd ?

ISABELLE - C'est le répondeur ! Je laisse un message ?

MARINA - Je ne sais pas. Imaginez qu'il arrive et que j'aie trouvé un autre mari, ça m'en ferait deux !

ISABELLE - Vous avez raison. Je laisse juste mon nom… Allô ! C'est moi, Isabelle Daizeau de l'agence « Des filles et des gars Daizeau ». Je vous rappellerai mon cher Christian… *(Christian prend la communication.)* Allô ! Allô ! (…) Bonjour Christian ! (…) Vous regardez un match de foot à la télé et vous avez laissé votre répondeur ? *(A Marina.)* Je vais avoir du mal à le faire sortir de chez lui… Le foot, c'est mortel !

MARINA *(pour elle)* - C'est une maladie chez les hommes ! Si ça ne l'intéresse pas, j'en trouverai des maris qui n'aiment pas le foot.

ISABELLE *(au téléphone)* - J'appelle pour du travail… (…) C'est urgent… *(Elle écarte l'écouteur de son oreille.)* Pour tenir le rôle du mari de ma cliente. *(Observant brièvement Marina et affirmant ce qu'elle dit.)* Oui, très belle… agréable… avec des formes généreuses… *(Gênée.)*… avec de gros… enfin de beaux… tout ce qu'il faut.

MARINA - Je n'aime pas ce genre de mari.

ISABELLE *(à Marina)* - Je vous avais prévenue, il est assez limité.

MARINA - J'ai raison de rester célibataire.

ISABELLE - Pour qu'il quitte son match de foot, faut bien que j'y mette les formes !

MARINA - Le choix, c'est son ballon ou moi ? Où j'en suis arrivée !

ISABELLE *(au téléphone)* - Alors, Christian, vous vous décidez ? (…) Bien, je vous revaudrai ça. Venez immédiatement. Vous n'aurez rien à faire : être présent, assis dans un fauteuil et vous serez bien payé.

MARINA - Ça va me coûter une fortune cette invention familiale !

ISABELLE *(au téléphone)* - Colette sera là… (…) Comment ça l'alcoolo ? C'était un personnage qu'elle jouait. *(A Marina.)* Rien que pour voir ça, il arrive. Vous réglez toujours le taxi ?

MARINA - C'est une maladie dans votre agence, les taxis !

ISABELLE *(au téléphone)* - Au 7 rue de l'Espérance. Vous connaissez ? (…) On vous attend. *(Elle coupe la communication.)* Et un mari de trouvé !

MARINA - A votre avis, mon mari, il vient pour mes formes ou pour la belle-mère alcoolique ?

ISABELLE - Les deux !

MARINA - Ça promet !

ISABELLE - Passons à la dernière recherche…

MARINA - Mon bébé. J'ai dit que c'était une fille.

ISABELLE - Alors les enfants… *(Elle prend l'album correspondant aux enfants.)* Jetez un coup d'œil aux premières pages, après ils feront trop grands.

MARINA *(constatant)* - Ce ne sont pas des bébés.

ISABELLE - Je n'ai pas plus petit.

MARINA - Dans ces conditions, montrez-moi de vieux bébés.

ISABELLE - Ça ne se passe pas comme ça avec les bébés. Ils ne prennent pas de taxi pour arriver chez vous.

MARINA - Tant mieux, ça me fera des économies !

ISABELLE - Les bébés doivent venir accompagnés d'un parent. De plus, à cette heure, les bébés doivent rentrer chez eux. C'est la loi. Dans votre cas, il faut que le bébé ait dix-huit ans.

MARINA - Dix-huit ans ?! Le bébé ?!

ISABELLE - Ça fait déjà un gros bébé, je l'avoue.

MARINA - Je vais avoir l'air de quoi avec un bébé qui a la majorité ?

ISABELLE - Vous direz à votre président que le bébé a eu une crise de croissance.

MARINA - A ce point-là, c'est un extraterrestre !

ISABELLE - Je demanderai au bébé de s'habiller très jeune.

MARINA - Même emmailloté, il aura l'air grotesque. Choisissez une fille qui fasse le plus jeune possible, je ne peux pas faire autrement. Faites au mieux. Pendant ce temps, je vais me préparer : le président ne devrait plus tarder.

ISABELLE - Excellente idée. Je vais à la recherche de votre fille. Je peux téléphoner d'une autre pièce ?

MARINA *(ouvrant la porte cour)* - Par ici vous serez plus tranquille.

ISABELLE - Vous allez avoir une famille aux petits oignons !

Isabelle sort porte cour.

MARINA - S'ils ne me font pas pleurer, ça sera déjà ça !

Marina se dirige vers le bouquet de fleurs. Elle remarque que le vase manque d'eau. Elle disparaît porte jardin. Simultanément, la porte centre s'ouvre. Colette entre. Elle retire son manteau, observe le salon, admire quelques tableaux et l'intérieur d'un coffret.

COLETTE - Pas mal… Pas mal du tout… Beaucoup de goût…

Elle finit par s'installer dans le canapé et attend. Marina revient avec le vase, les fleurs devant le visage. Elle ne s'aperçoit pas de la présence de Colette. Elle pose le vase sur un meuble. Quand le vase touche le meuble, Colette tousse. Marina sursaute, les fleurs également.

MARINA - Oups !… Que faites-vous là ? Qui êtes-vous ?

COLETTE - Je suis Colette. Colette, ça ne vous dit rien ?

MARINA - Comment êtes-vous entrée ?

COLETTE - Par la porte.

MARINA - Que faites-vous dans mon salon ?

COLETTE - J'attends.

MARINA - Vous attendez depuis longtemps, madame Colette ?

COLETTE - Juste le temps d'admirer ce tableau, votre collection de bagues et de m'assoupir. Mes jambes sont fatiguées : trop de travail.

MARINA - Je ne vous permets pas…

COLETTE - La porte était ouverte, je suis entrée. D'ailleurs, je pratique toujours comme ça : ça fait plus vrai.

MARINA - Vous êtes qui ?

COLETTE - Re-Colette. Et vous êtes ?

MARINA - Vous êtes chez moi et j'attends du monde.

COLETTE - Alors je suis le monde.

MARINA - Vous êtes de l'agence « Des filles et des gars Daizeau » ?

COLETTE - Chut ! Pas si fort ! On pourrait nous entendre ! Je suis une fille de l'agence Daizeau.

MARINA - Vous pouvez me donner des explications ?

COLETTE - Etes-vous certaine que nous ne serons pas entendues ?

MARINA - Je sais tout de même ce qui se passe chez moi.

COLETTE - Dans ce cas… *(Au même moment, un bruit se fait entendre du côté de la porte cour.)* Vous êtes sûre d'être seule ?

Marina - C'est Isabelle de l'agence. Je vous écoute.

Colette - Justement, Isabelle m'a demandé de venir pour tenir le rôle d'une belle-mère. Je sais, je fais toujours trop jeune pour tenir ce rôle mais ça ne me déplaît pas d'être une belle-mère.

Marina - Cela ne vous donne pas le droit de vous introduire chez moi sans m'avertir.

Colette - Nous pratiquons toujours de cette manière. Je me dois d'obéir au protocole.

Marina - Le protocole ? Isabelle ne m'en a pas parlé.

Colette - Vous ne comprenez toujours pas ? Si je suis votre belle-mère, pour être crédible, une belle-mère est partout chez elle, surtout chez sa belle-fille. Une belle-mère a toutes les clés, ce sont les règles de base. Et Isabelle laisse toujours la porte d'entrée ouverte surtout quand il y a urgence. Alors je rentre et je m'installe comme une belle-mère le ferait chez son fils. Convaincue ? Et vous, vous êtes sans doute ma belle-fille ?

Marina - Pour quelques minutes, heureusement.

Colette - Je ne corresponds pas à la belle-mère que vous recherchiez ?

Marina - Si, si… Vous êtes parfaite. Telle que je l'imaginais.

Colette - J'accepte le compliment. Je peux lui donner une touche un peu plus folle pour décontracter l'atmosphère.

Marina - Il n'y a rien à décontracter. Vous restez là, bien assise, et vous ne bougez pas. A un moment, je vous présenterai à mon président, l'homme avec qui je travaille.

Colette - Je ne cherche pas de travail !

Marina - Il n'est pas question de cela. Je veux faire croire à mon patron que j'ai une famille.

COLETTE - Si je peux me permettre, je peux apporter à mon personnage de belle-mère un côté éthylique, je le fais divinement.

MARINA - Il n'y a pas d'alcoolique dans la famille.

COLETTE - Oh! ça, faut jurer de rien! Je le ferai sans surcoût, juste pour le fun!

MARINA - Pas de fun! Ce ne sera pas nécessaire.

COLETTE - De toute manière, si vous me faites un signe, je pars au quart de tour. Une vraie ivrogne avec beaucoup de classe! Je m'en amuse déjà.

MARINA - Vous êtes très bien comme ça. Vous vous placez dans ce fauteuil et ce sera parfait.

COLETTE - Si je dois rester assise toute la soirée, ça va être d'un drôle!

MARINA - Drôle ou pas, c'est le prix à payer.

COLETTE - A ce propos, ma belle-fille, voilà ma note de taxi.

MARINA *(observant l'addition, ahurie)* - Vous venez de l'étranger?

COLETTE - Vous allez rire, j'habite juste à côté de chez vous.

MARINA - Vous avez pris une voiture de luxe à ce prix-là!

COLETTE - Pas du tout, je me trouvais à l'autre bout de la ville quand Isabelle de l'agence m'a prévenue. Il y a eu quelques travaux à contourner d'où cette note, certes un peu salée, mais pas la peine d'en faire un plat!

MARINA - Ma famille va me ruiner!

COLETTE - Si vous voulez je peux repartir.

MARINA - Vous tenez votre rôle de belle-mère à la perfection.

COLETTE - N'est-ce pas?

ISABELLE *(entrant porte cour)* - Colette ! Vous êtes-là !

COLETTE - Bonjour Isabelle.

ISABELLE - Vous avez fait connaissance ? Comment la trouvez-vous ?

MARINA - La belle-mère dans toute sa splendeur.

COLETTE - Je fais ce que je peux ! J'ai suggéré une belle-mère un peu arrosée, ce qui me rend plus sympathique, mais il y a refus.

ISABELLE *(à Marina)* - J'ai trouvé le bébé… enfin, votre enfant. Elle ne fera pas son âge, vous verrez. Elle arrive dans l'instant.

MARINA - J'espère qu'elle fait bébé. Et mon mari qui n'arrive toujours pas !

COLETTE - Vous êtes mariée ?

MARINA - Uniquement ce soir.

ISABELLE - Madame m'a commandé, en plus de vous, un mari et un bébé de dix-huit ans.

COLETTE - Un bébé de dix-huit ans ? *(A Marina.)* Et vous l'avez accepté ?… Ah ! autre chose : je tiens à vous faire remarquer qu'une belle-mère est toujours à l'heure. Ce qui permet d'enguirlander ceux qui sont en retard ! Vous vivez seule, n'est-ce pas ?

MARINA - Ça se voit tant que ça ?

COLETTE - Tout est impeccable, bien rangé, une décoration rigide, d'équerre. Il manque des enfants pour faire péter tout ça !

ISABELLE - Je vous en prie, Colette, pas de commentaires.

COLETTE - Vous me connaissez, j'ai promis de ne pas bouger, je vais me momifier dans ce fauteuil. Une dernière question saugrenue : qui est mon fils ?

ISABELLE - Vous le connaissez sûrement : Christian.

COLETTE - Oh! nom de nom! Christian! Il est toujours aussi niais?

ISABELLE - Il a fait des progrès.

COLETTE - Dans la niaiserie? *(A Marina.)* Vous verrez la bêtise, c'est pire qu'un léger état éthylique.

On sonne à la porte d'entrée.

MARINA *(allant ouvrir)* - C'est mon mari! Je suis toute émue, c'est la première fois que je le vois.

ISABELLE - Du courage, nous sommes là.

MARINA *(ouvrant la porte et découvrant Harold)* - Vous?!

COLETTE *(à Isabelle)* - Je ne reconnais pas Christian.

ISABELLE - Il ne fait pas partie de mon agence celui-là.

HAROLD - Bonjour Marina. J'ai fait au plus vite. J'ai sauté dans un taxi et me voilà. *(Il abandonne son attaché-case à côté de la porte d'entrée.)*

MARINA - Je vous en prie, donnez-vous la peine d'entrer. Avez-vous fait un bon voyage?

HAROLD - Parfait. *(Il salue Isabelle et Colette.)* Mesdames…

MARINA - Je vous présente ma… belle-mère, monsieur le président.

COLETTE - Ah! vous n'êtes pas mon fils! Je veux dire que vous êtes… Enchantée de vous connaître, monsieur le président.

HAROLD - Madame…

MARINA - C'est le président de la société pour laquelle je travaille. Je vous en ai souvent parlé!

COLETTE - Oui! Ma belle-fille me parle souvent de vous, monsieur le président… Vous pensez… Un président, on en parle en famille, à chaque repas.

MARINA - Ça suffit comme ça. *(Voulant présenter Isabelle.)* Et… et… je vous présente… euh…

ISABELLE - Isabelle.

HAROLD - Bonjour madame. Vous êtes ?

MARINA - Elle est…

ISABELLE - Je suis… Qu'est-ce que je suis pour vous ?

MARINA - Elle est essentiellement… Isabelle.

HAROLD - Vous êtes une amie ?

COLETTE - La bonne !

ISABELLE ET MARINA - La bonne ?!

COLETTE - Faut bien vous trouver un titre ? Vous êtes la bonne.

HAROLD - Parfait. Dans ce cas, j'aimerais bien un verre d'eau. Les voyages en avion me déshydratent.

ISABELLE - Bien volontiers, monsieur le président. Je vais immédiatement vous chercher un verre d'eau. *(Pour elle.)* Faut que je trouve tout simplement la cuisine…

MARINA - Il y a de l'eau dans le réfrigérateur.

ISABELLE - Je m'en doute, madame. Mon problème, ce n'est pas le réfrigérateur, c'est de localiser la cuisine ! *(Elle se trompe et disparaît porte cour.)*

COLETTE - Elle est toujours amnésique. Une bonne qui ne se rappelle pas de l'orientation des pièces, c'est un comble !

HAROLD *(à Marina)* - Encore une fois, je vous demande pardon d'être passé à l'improviste, chère Marina, mais c'est capital pour moi d'être au courant des résultats de votre réunion à Londres. Avant d'en parler, je tiens à saluer votre mari.

MARINA - Il vient juste de repartir avec ma fille… faire un petit tour…

HAROLD - A cette heure ?

MARINA - Oui, ça leur arrive… comme ça… de faire un petit tour…

HAROLD - Je croyais que vous aviez un petit bébé. Je vous entends très bien me dire que votre mari donne le bain à votre bébé.

MARINA - J'ai dit ça ? Oui… enfin, elle a grandi entre-temps… je veux dire que… mon mari aime bien lui faire couler son bain… ça lui rappelle quand elle était encore un bébé.

COLETTE - Le problème avec les enfants, c'est qu'ils grandissent et que les mamans ne s'en aperçoivent pas, monsieur le président.

MARINA - Oui, et là je m'attends toujours à voir une grande personne à la place de mon bébé.

COLETTE - Monsieur le président veut probablement s'asseoir.

HAROLD - A cette heure, appelez-moi Harold.

MARINA - Il n'en est pas question, monsieur le président.

COLETTE - Merci Harold, ce sera plus simple. Allez-y pour Colette.

MARINA - Vous n'allez pas appeler monsieur le président par son prénom ! Et les convenances ?

COLETTE - Puisque Harold me le permet…

HAROLD - Absolument, Colette.

COLETTE - Je sens ma belle-fille bouillir ! Encore un conflit à l'horizon entre belle-fille et belle-mère, c'est tout naturel. Ce soir, après votre départ, mon cher Harold, j'aurai droit à des remontrances.

HAROLD - Est-ce vrai ?

MARINA - Non… Bien sûr que non. J'ai trop d'affinités avec ma chère belle-mère.

COLETTE - J'entends une pointe de reproche. Ce n'est pas grave, c'est le piment de la vie.

HAROLD - Colette, vous êtes une bonne vivante.

COLETTE - Vous ne pouvez pas imaginer ! Ici, chez mon fils, je me retiens quelque peu mais offrez-moi un verre de bon scotch et je deviens hilarante !

HAROLD - Je m'en souviendrai, chère Colette.

COLETTE - Vous aussi, cher Harold, je sens quelques graines d'humour dans votre for intérieur. Je ressens ces choses-là. N'est-ce pas ?

MARINA - Ne faites pas attention, monsieur le président. Je crois qu'elle a déjà trinqué avant votre arrivée.

COLETTE *(légèrement ivre)* - Pas du tout. Quand je dis que Harold est drôle, ce n'est pas déplacé. N'est-ce pas, Harold ?

HAROLD - Mon entourage, dans le holding, pense largement le contraire, mais au fond de moi je me sens bourré d'humour.

MARINA - Son humour doit être bien profond ! Monsieur le président souhaite-t-il que l'on se retire dans mon bureau pour faire le point sur mon voyage londonien ?

COLETTE - Harold a le temps d'aller parler affaires avec vous… Profitez de notre vie de famille, Harold, pour une fois que vous êtes là. Mon fils ne va plus tarder.

HAROLD - Alors seulement quelques minutes.

MARINA *(insistant)* - Nous avons beaucoup de travail.

COLETTE - Toujours travailler, c'est d'un ennui !

Isabelle revient par la porte cour avec un verre rempli d'eau qu'elle remet à Harold.

ISABELLE - Voilà ! Voilà ! Je n'ai pas trouvé la cuisine mais j'ai trouvé un verre d'eau pour le président.

HAROLD - Merci. *(Il commence à boire.)*

MARINA *(observant le verre et discrètement à Isabelle)* **-** Où avez-vous trouvé ce verre ?

ISABELLE - Je suis entrée dans votre salle de bains, j'ai pris un verre et je l'ai rempli.

MARINA - C'est mon verre à dents !

ISABELLE - Ne vous inquiétez pas, j'ai retiré la brosse !

HAROLD *(finissant le verre avec envie)* **-** Excellente cette eau mentholée !

ISABELLE - Ouf ! c'est passé !

HAROLD - Faudra me donner les références de cette eau minérale.

COLETTE - Bien sûr, monsieur, je connais très bien la source !

MARINA *(désignant la porte jardin)* **-** Il y en a une autre par là, à la cuisine ! Et allez préparer le repas de ma fille.

ISABELLE - Faire à manger ? Je ne sais même pas cuire un œuf !

MARINA *(en faisant un gros clin d'œil)* **-** Pendant ce temps, avertissez mon mari que nous l'attendons sérieusement.

ISABELLE - Ah oui ! Je comprends… Excellente idée. Oui… Pourquoi il n'est pas là celui-là ?

Elle s'apprête à sortir quand Harold l'interpelle.

HAROLD - Ne partez pas les mains vides. Voici mon verre… *(Remarquant la couleur du verre à dents.)* Très original, on croirait un verre à dents. N'oubliez pas de me transmettre les références de cette eau.

ISABELLE - Demandez à madame, c'est elle qui fait les achats.

Isabelle sort.

HAROLD - Je la sens agressive.

MARINA - On ne peut plus rien lui demander.

HAROLD - Vous faites toujours appel à ses services pour trouver votre mari?

MARINA - Bien sûr que non, mais là… c'est exceptionnel… je… je me dois de rester auprès de vous.

HAROLD - Je ne veux pas vous déranger.

MARINA - Aucunement, monsieur le président. Nous vivons toujours comme ça. Voulez-vous que nous commencions notre briefing?

HAROLD - Pardonnez-moi de m'étonner. Cela ne vous inquiète pas davantage que votre mari ne soit pas là?

COLETTE - Cher Harold, vous avez raison, ma belle-fille ne s'étonne de rien.

MARINA - De quoi je me mêle? Mon mari est assez grand, je lui fais confiance.

COLETTE - Je fais tout de même partie de la famille. J'ai mon mot à dire.

HAROLD - Il est peut-être arrivé quelque chose à votre bébé?

COLETTE - Ça, avec les enfants, il faut s'attendre à tout.

MARINA - Je n'y pensais plus ! C'est vrai que j'ai un bébé ! Ne nous faisons pas de souci. Je les ai commandés, ils vont venir… Enfin, je veux dire qu'ils étaient là il y a quelques minutes, pas de quoi de s'inquiéter.

COLETTE *(se levant de son fauteuil en s'insurgeant)* - Vous le prenez un peu à la légère ! Il s'agit tout de même de mon fils et de ma petite-fille !

MARINA - Ne compliquez pas la situation, belle-maman.

ISABELLE *(apparaissant porte jardin)* - Je viens d'avoir le mari de Madame. Il est en bas de l'immeuble. Il avait oublié le code d'entrée de la porte.

COLETTE - C'est tout à fait lui.

HAROLD - Il a oublié le code d'entrée de son immeuble ?

MARINA - Il est parfois tête en l'air.

COLETTE - Quand je dis qu'il est niais, je n'exagère pas !

ISABELLE - Je vous en prie, vous parlez du mari de madame.

COLETTE - Je parle de mon fils également. Quand on naît niais, on est niais !

ISABELLE - Je retourne dans ma cuisine. Appelez-moi quand le Monsieur de Madame va sonner.

Isabelle sort porte jardin.

HAROLD *(à Marina)* - Je vais enfin faire la connaissance de votre mari. C'est amusant, je ne m'attendais pas du tout à vous voir vivre au milieu d'une famille. Je ne vous percevais pas comme ça.

MARINA - Et comment me perceviez-vous, monsieur le président ?

HAROLD - Vous allez rire ! Je vous le dis comme je le pense : je vous croyais sincèrement une célibataire pure et dure.

MARINA - Ce n'est pas l'envie qui m'en manque. Parfois la vie bascule très vite.

HAROLD - Vous me surprenez, Marina.

MARINA - Moi aussi, je me surprends, et dans le domaine des surprises, je crois que j'ai mis le pied dans un nid ! On va être gâté ! *(La sonnette de la porte d'entrée retentit. Elle va pour ouvrir.)* Voilà, voilà, j'arrive !

Marina ouvre la porte. Christian se présente.

CHRISTIAN - Bonjour bonjour !

MARINA - Ce doit être mon mari ! *(Pour elle.)* Faut que j'engage la conversation ! Réfléchissons… Qu'est-ce qu'une femme dit à son mari dans cette situation ? *(Ne sachant trop quoi dire.)* C'est à cette heure-ci que tu rentres ?

CHRISTIAN *(niais)* - Ben… je ne comprends pas…

MARINA - Il comprend pas ! Entre. *(Christian entre et reste planté au centre, toujours niais.)* Je crois que c'est celui que j'ai vu sur l'album photo ?

COLETTE - Mon fils ne reconnaît plus son épouse, c'est le bouquet !

HAROLD - Il a reçu un choc !

COLETTE - Même pas !

HAROLD - Il n'est pas dans un état normal. Il ne bouge pas !

MARINA - Qu'est-ce qu'il fait ?

HAROLD - Visiblement rien. Complètement absent.

COLETTE - Il a bu ? Mon fils boit ! C'est charmant !

MARINA - Ne dites pas n'importe quoi. Mon mari ne boit pas.

CHRISTIAN - Je ne bois pas. Pourquoi toutes ces questions ?

MARINA - Parce que nous t'attendons.

CHRISTIAN - Quelle heure est-il ?

COLETTE - Peu importe l'heure, mon fils, tu es en retard.

MARINA - Il est toujours comme ça ?

COLETTE - Il va lui falloir une période d'adaptation.

HAROLD - Monsieur, vous savez où vous êtes ?

CHRISTIAN *(toujours perdu)* - Je suis au 7 rue de l'Espérance.

COLETTE - Il est quand même assez grand pour se souvenir où il habite !

MARINA - Il a peut-être reçu un coup ?

HAROLD - Probablement. Monsieur n'est pas dans un état normal. Permettez-moi, j'examine sa tête. *(Il tâte son cuir chevelu et lui met les cheveux en bataille, le rendant encore plus niais.)* Vous me dites si je touche un point sensible.

CHRISTIAN - Je n'ai pas mal à la tête. Qu'est-ce que vous me faites ?

HAROLD - Il ne souffre pas de migraines, de maux de têtes ? Vous le connaissez mieux que moi !

MARINA - Mieux que vous, c'est vite dit ! Je veux dire que… je n'ai rien remarqué. Notre bonne le connaît mieux que moi, c'est à elle qu'il faut poser la question.

HAROLD - Décidément, votre bonne est au courant de tout. *(A Christian.)* Avez-vous perdu connaissance, monsieur ?

CHRISTIAN - Et vous, vous êtes qui pour me palper la tête ? Un médecin ?

HAROLD - Je suis un ami de votre épouse.

MARINA - Un ami ? *(A Christian.)* C'est mon patron !

CHRISTIAN - J'ai une épouse ?

HAROLD - Là, il est en état de choc. Il ne se souvient plus de rien. *(A Marina.)* Mettez-vous devant lui. *(A Christian.)* Vous la reconnaissez ? *(Marina se place devant Christian et fait un petit coucou. Il la regarde sans réaction.)* Et là, votre mère, vous ne pouvez pas l'avoir oubliée ! *(Il le fait pivoter pour montrer Colette.)* C'est… c'est… maman !

CHRISTIAN - Maman ?

HAROLD - Il ne sait plus qui est qui. Vous êtes sûre que c'est bien votre mari ?

MARINA - Attendez que je le regarde mieux. Maintenant que vous me le dites, j'ai un doute.

COLETTE - Moi je le reconnais, je suis formelle. D'ailleurs, pour être aussi niais, il n'y en a qu'un : c'est mon fils ! Il veut peut-être boire un verre d'eau dans la cuisine pour reprendre ses esprits ?

MARINA - Vous avez soif ?

HAROLD - Vous vouvoyez votre mari ?

MARINA - Je le vouvoie ? Allons donc ! Pourquoi je le vouvoierais ? *(A Christian.)* Tu veux boire quelque chose… mon mari ?

HAROLD - Appelez-le par son prénom, c'est plus rassurant.

MARINA - Vous croyez ?

HAROLD - J'en suis certain. Allez-y… *(Marina ne trouve pas le prénom de son mari. Elle fait pourtant des efforts…)* Eh bien, qu'attendez-vous ? Vous connaissez le prénom de votre mari ?

MARINA - Il a dû me passer sa maladie. Voilà que j'ai un trou !

Colette - C'est Christian, si mes souvenirs sont bons.

Marina - Mais oui, Christian… Coucou !… Il a soif, Christian ?

Christian - Pas soif.

Colette *(à Marina)* - Insistez, il doit aller boire dans la cuisine.

Marina - Puisqu'il n'a pas soif !

Harold - On ne fait pas boire un blessé de la tête.

Colette - J'ai une belle-fille qui ne comprend rien. *(Insistant.)* La bonne va lui remettre les idées en place à la cuisine.

Marina *(comprenant)* - Bien sûr ! La bonne !

Harold *(auscultant toujours la tête de Christian)* - Je ne vois rien.

Marina - C'est normal.

Harold - Comment ça, c'est normal ? Il ne vous reconnaît pas et vous trouvez ça normal ? Dans son cas, il faut appeler le SAMU, et en urgence !

Marina - Pas de précipitation ! Il nous fait ça à chaque fois qu'il revient à la maison. N'est-ce pas, Colette ?

Colette - Chaque fois. Il est impressionné quand il voit du monde. Il ne se souvient plus de rien.

Marina - Oui. Il est comme déconnecté, débranché. Il a zappé sur toute sa mémoire vive. C'est un vrai trou… Plus rien dans sa têtête !

Christian - Je ne suis peut-être pas atteint à ce point-là !

Marina *(se mettant face à Christian)* - Alors qui je suis ?

Christian *(l'observant)* - J'sais pas.

Colette - Mon Dieu, qu'il est niais !

Marina *(désignant Colette)* - Et là qui c'est ?

Christian - J'sais pas !

Harold - Vous êtes sûr que ça va passer ?

Colette - Isabelle, notre bonne, réussit à le remettre en contact. Elle lui baragouine je ne sais quoi et il redevient normal. Enfin, son air niais, il le conserve, faut pas rêver !

Marina - Notre bonne est très précieuse pour nous.

Harold - Je comprends. *(Une pensée violente lui vient.)* Oh ! nom de nom !

Marina - Qu'est-ce qu'il vous arrive à vous aussi ?

Harold - Et le bébé ! Qu'est-ce qu'il en a fait ?

Marina - Je l'avais complètement oublié celui-là !

Harold - Vous avez bien une fille, n'est-ce pas ? Vous me l'avez dit au téléphone : « Mon mari donne le bain à notre enfant. » Et là il revient seul, sans le bébé.

Marina - Ma fille ? Mais oui ! J'y pensais plus ! Vous avouerez, c'est pourtant important !

Colette - On a tous la tête ailleurs ! Ma petite-fille !

Harold *(à Christian)* - Qu'est-ce que vous avez fait de votre bébé ?

Christian - Bébé ?

Colette - Il ne se souvient même plus de sa fille !

Harold - Qu'est-ce qu'il a fait de votre enfant ?

Marina - Ils ont probablement changé de chemin en cour de route.

Harold - Vous plaisantez ! Comment voulez-vous qu'un bébé change de route tout seul ?

MARINA - Quand je dis que c'est un bébé, c'est un grand bébé…
qui marche… qui court même… Un bébé que, même moi sa mère,
je ne reconnais plus, tellement il a grandi le bébé !

COLETTE - Un bébé qui pousse sans qu'on s'en rende compte ! C'est
à cause de votre travail, ma belle-fille. Toujours absente, toujours en
voyage… A force, il arrive ce qui devait arriver : elle ne reconnaît
plus sa famille !

HAROLD - C'est de ma faute. Je vous envoie à l'autre bout du monde
régler des affaires et pendant ce temps vous avez une famille ! Je ne
le savais pas, je culpabilise.

MARINA - Je vous en prie, ce n'est pas grave, monsieur le président.
Mon absence n'a rien à voir avec ça.

HAROLD - Mais c'est dramatique ! Vous êtes tous en pleine déprime,
il suffit de regarder la tête de votre mari !

CHRISTIAN - Ma tête ? Qu'est-ce qu'elle a ma tête ?

COLETTE - Ne vous fiez pas à sa tête, elle a toujours été comme
ça ! C'est de famille !

MARINA - Faut quand même s'y faire à la tête de monsieur…
mon mari.

HAROLD - Vous dites « monsieur mon mari » ? On ne parle pas
de cette façon à son époux. Et puis, faut pas l'oublier, il y a votre
bébé… qui marche seul dans la nuit noire… froide…

MARINA - Mon bébé rentera quand il en aura envie. Je ne me fais
aucun souci. Il finit toujours par revenir.

COLETTE - Je suis d'accord avec Harold : vous devriez être plus
sévère avec ma petite-fille.

HAROLD - Je suis complètement dépassé. Le problème ne se pose
pas pour le moment. Votre bébé n'est pas avec son père et le père a
abandonné des neurones en chemin. Vous ne pensez pas que vous
devriez vous inquiéter davantage et avertir la police ?

CHRISTIAN *(refaisant surface)* - J'ai abandonné quelqu'un ?

HAROLD - Il est amnésique ! Vite, la police !

MARINA - Mais c'est pareil tous les soirs, il nous faudrait un abonnement avec la police et le SAMU !

HAROLD *(s'adressant à Christian)* - Monsieur, vous vous souvenez bien que vous avez un bébé ? Un bébé, ça ne s'oublie pas ! Répondez-moi !

CHRISTIAN - Bébé, d'accord, j'oublie pas. Vous êtes qui ?

HAROLD - Je suis Harold, le patron de votre épouse Marina.

CHRISTIAN - Mon épouse Marina ?

HAROLD - Il est bien attaqué.

COLETTE - Il le fait exprès. C'est un farceur, mon fils.

HAROLD - Une farce ? Elle est bien bonne celle-là. Il pousse le bouchon un peu loin.

CHRISTIAN *(pivotant vers Colette)* - Vous êtes qui ?

COLETTE - Ta mère !

CHRISTIAN - Maman ?

COLETTE - Là, il fait l'idiot.

HAROLD - Vous n'allez pas me dire que c'est de famille ! Il faut le faire interner.

MARINA - Je vous en prie, c'est mon mari.

COLETTE - Appelez Isabelle, il y a urgence. C'est notre dernier recours.

MARINA - Elle va nous le réparer. Je reviens. *(Pour elle.)* Mais dans quelle galère je me suis mise !

Marina sort porte jardin.

HAROLD *(à Christian, comme à un grand malade)* **-** Voulez-vous vous asseoir ? Faut vous reposer. Faites ici comme chez vous.

COLETTE - Là, vu son état, il ne reconnaît plus rien.

HAROLD - Je n'ai jamais vu ça. Mon pauvre vieux ! *(Il pose une main amicale sur l'épaule de Christian.)*

Isabelle et Marina reviennent.

ISABELLE *(à Marina, discrètement)* **-** Christian ? Je n'ai pas eu le temps de le mettre au courant et de lui dire qui est qui. Je lui ai simplement dit de faire l'idiot s'il ne comprenait pas la situation.

MARINA - Alors je vous rassure tout de suite, il n'a vraiment pas compris la situation. Pour faire l'idiot, c'est un champion ! C'était pas écrit dans vos catalogues.

ISABELLE - Je dois intervenir. *(Elle interpelle Christian.)* Christian ! Vous me reconnaissez ?

CHRISTIAN - Ah oui ! Bonjour !

ISABELLE - C'est moi, Isabelle… de l'agence !

HAROLD - Quelle agence ? Votre bonne fait partie d'une agence ?

Tous restent muets et ne savent quoi répondre.

MARINA - Oui, notre bonne, Isabelle, vous la reconnaissez ?

COLETTE - De l'agence des bonnes, c'est bien connu ! C'est tellement difficile de trouver une bonne à notre époque…

HAROLD *(à Isabelle)* **-** Et vous pensez l'aider en lui rappelant votre agence de bonnes ?

ISABELLE - J'ai ma méthode pour faire revenir monsieur à la réalité.

MARINA - Isabelle est très efficace avec mon mari. Elle le connaît par cœur.

HAROLD - Vous payez votre bonne pour s'occuper de votre mari ?!

MARINA - Absolument. Je la paie d'ailleurs grassement.

COLETTE - Un jour, ça tournera mal.

ISABELLE - Madame a confiance en moi.

HAROLD - Je n'en reviens pas. Je n'ai jamais vu ça, excepté dans les histoires drôles. Et voilà, nous oublions votre bébé !

MARINA - Elle va s'en occuper et le retrouver le « bébé ».

HAROLD - Comment ça, elle va retrouver le bébé ? D'un coup de baguette magique ?

MARINA - Le bébé, lui aussi il fait partie de la commande et Isabelle va vite rétablir la situation qui est en train de tourner au vinaigre. N'est-ce pas, ma bonne ?

ISABELLE - Oui, madame. Je vais intervenir efficacement.

MARINA - Il serait temps, sinon les taxis… *(Elle fait semblant de se couper le cou avec la main.)*

HAROLD - Je ne comprends rien à ce que vous dites. Vous êtes sûrs d'aller tous bien ?

CHRISTIAN *(niaiseux)* - Oui, ça va.

COLETTE - Laissez sortir la bonne avec mon fils. Elle va nous arranger tout ça.

HAROLD - Ce n'est pas possible. Marina, ne perdons plus de temps, appelez la police et le SAMU.

MARINA - Je sais, comme ça, ça paraît fou, mais vous allez voir, tout va s'arranger. Pendant ce temps-là, on pourrait se mettre au travail ?

HAROLD - Laissons cela de côté, il y a plus important.

MARINA - Mais laissez tomber ma famille ! Mettons-nous au travail.

HAROLD - Vous êtes tous des inconscients ou quoi ?

ISABELLE - J'y vais. Un peu d'air frais va lui faire du bien.

CHRISTIAN - J'ai besoin qu'on m'éclaircisse les idées.

MARINA - N'oubliez pas mon bébé !

Isabelle et Christian sortent porte centre en se tenant.

HAROLD *(pour lui)* - Et ils partent comme ça, tous les deux ! C'est de la folie !

COLETTE - Voir la bonne sortir avec mon fils bras dessus, bras dessous, ça peut surprendre !

HAROLD - Je ne me permettrais pas d'imaginer quoi que ce soit, pourtant… avec tout ce qui se passe ici…

MARINA - Je ne m'inquiète nullement, elle lui fait du bien sans moi et c'est tant mieux.

HAROLD - Quoi ?!

MARINA - Je veux dire qu'elle s'occupe très bien de lui sans moi.

HAROLD *(effondré)* - Je suis catastrophé pour vous. Votre mari ne vous reconnaît plus, même son appartement lui est étranger. Il a même perdu le bébé ! Il a forcément reçu un coup ! En tout cas, j'ai examiné sa tête, je n'ai rien trouvé.

COLETTE - Connaissant mon fils, ce n'est pas extraordinaire de ne rien trouver dans sa tête !

HAROLD - Vous n'exagérez pas un peu ?

COLETTE - Voyons, Harold, vous avez déjà vu quelque chose dans la tête d'un niais ?

MARINA - Isabelle sait rétablir mon mari, je ne me fais aucun souci.

HAROLD - Qu'une bonne réussisse à guérir votre mari c'est tout de même étrange, vous ne trouvez pas ?

COLETTE - Elle doit avoir un don cette petite. Elle lui parle de choses qui le rééquilibrent. Vous allez voir, c'est étonnant la transformation. N'est-ce pas ma belle-fille ?

MARINA - Si vous le dites, ma chère belle-mère.

HAROLD - Si elle réussit à le remettre dans notre monde, je dis bravo parce que j'en ai vu des têtes en l'air, des absents, mais là, avec tout le respect que je vous dois, Marina, votre mari a ce quelque chose proche du dérangement.

COLETTE - C'est le mot juste, « dérangement ». Ça fait plus sérieux que « idiot ».

MARINA - Je vous en prie, vous parlez de votre fils et de mon mari !

COLETTE - Il faut appeler les choses par leur nom. Mon fils est un idiot… dérangé.

HAROLD - Vous ne semblez pas troublée par son comportement. Vous ne vous faites aucun souci, même pour le bébé. Je vous trouve très forte, Marina. Je vous découvre.

MARINA - Moi aussi je me découvre. Surtout ce soir, monsieur le président. Je ne pensais pas posséder toutes ces qualités. Il faut dire que nous sommes rarement tous réunis. Je suis souvent absente.

HAROLD - Promis, je veillerai personnellement à vos prochains voyages d'affaires.

MARINA - Ils me conviennent parfaitement, monsieur le président. J'ai besoin de cette évasion, croyez-moi.

HAROLD - Je comprends. Mais il me semble que ce n'est pas sain pour votre cellule familiale et je m'en sens responsable.

COLETTE - J'approuve Harold. Vous êtes toujours absente. Comment une famille peut rester unie quand la mère est toujours en voyage ? Comme il dit, la cellule en prend un coup !

MARINA - Laissez ma cellule tranquille ! Je ne vous ai rien demandé. J'ai besoin de ce changement, de me retrouver seule. Cela me permet de recharger mes batteries. Je suis passionnée par mon travail, monsieur le président.

HAROLD - Nous en reparlerons. Il me semble pourtant que votre belle-mère…

COLETTE - Je m'appelle toujours Colette, Harold.

On sonne à la porte d'entrée.

MARINA - Pardonnez-moi, je vais ouvrir.

HAROLD - La thérapie de votre bonne est déjà terminée ?

Marina ouvre la porte d'entrée. Une jeune fille d'un certain âge, habillée de façon très jeune, se présente.

MARINA - Mademoiselle ?

CAROLE - Je suis bien au 7 rue de l'Espérance ?

MARINA - Oui, c'est pour quoi ?

CAROLE - Je viens me présenter comme prévu.

MARINA - Je vous arrête tout de suite. Je n'ai besoin de rien, surtout en ce moment. Nous sommes assez nombreux. Au revoir ! *(Elle referme la porte brusquement.)* Ces démarchages à domicile sont insupportables.

HAROLD - Je partage votre opinion.

COLETTE - Vous avez raison mais là vous êtes allée un peu vite, ma belle-fille.

MARINA - Vous, je vous en prie ! Nous avions convenu que vous deviez rester dans ce fauteuil sans dire un mot.

COLETTE - Passer une soirée muette, ça m'est inimaginable ! Quant à la démarcheuse, vous auriez pu être un peu plus attentive.

MARINA - Mêlez-vous de ce qui vous regarde !

COLETTE - Si vous le prenez sur ce ton, je ne dirai pas que c'était ma petite-fille !

MARINA - C'est ça, ne le dites pas ! *(Après un temps de réflexion.)* Quoi ?

HAROLD - Qu'est-ce que vous venez de dire ?

MARINA - Vous pouvez répéter ?

COLETTE - Certainement pas.

MARINA - Vous prétendez que je n'ai pas reconnu ma fille ?

COLETTE - Pourquoi me faire répéter alors que vous avez très bien entendu ?

HAROLD - Vous n'avez pas reconnu votre bébé ?

MARINA - Vous n'allez pas vous y mettre vous aussi !… Excusez-moi, monsieur le président. *(Elle se dirige vers la porte d'entrée.)* Je connais mon bébé, pensez donc ! Je vais rouvrir la porte. *(Elle ouvre la porte.)*

CAROLE *(la main sur le milieu du visage et parlant du nez)* - Vous m'avez fichu la porte dans le nez !

COLETTE - C'est ma petite-fille !

HAROLD - Vous êtes certaine ? *(A Marina.)* Vous en pensez quoi ?

MARINA - C'est possible.

HAROLD - Je ne comprends plus rien ! Vous ne reconnaissez pas votre fille ? Je ne vais pas examiner votre tête à vous aussi !

MARINA - Avec la main sur le visage, comment voulez-vous que je la reconnaisse ?

CAROLE *(parlant du nez)* - Faut pas claquer la porte comme ça ! Qu'est-ce que je fais ? Je rentre ou je repars ?

MARINA - Entrez. *(Carole entre et reste plantée au milieu du salon sans bouger.)* C'est mon bébé, monsieur le président.

HAROLD - Quel bébé ! Quel morceau !… Je veux dire que je n'imaginais pas votre bébé de cette manière !

MARINA - Elle a encore fait une crise de croissance foudroyante. Chaque fois que je la revois, je ne la reconnais pas.

COLETTE - Moi aussi, je ne l'aurais pas reconnue.

MARINA - On quitte un bébé le matin et le soir on retrouve son enfant transformé en une vraie jeune fille ! C'est fou comme le temps passe vite ! *(Remarquant son accoutrement de jeune fille et la prenant à part pour ne pas se faire entendre de Colette et Harold.)* Qu'est-ce que c'est que cet accoutrement ?

CAROLE - On m'a dit de faire jeune alors je me suis mise en jeune.

MARINA - Oui, ben c'est raté. On croirait que vous avez grandi plus vite que vos vêtements.

CAROLE - J'ai compris, je ne fais pas jeune. Bonjour le tact ! Je me casse.

MARINA - En plus vous êtes susceptible ! Vous êtes là, je suis bien obligée de vous accepter ! Franchement, ce n'est pas exactement ce que j'avais prévu. J'attendais un bébé…

CAROLE - Je suis d'accord avec vous : pour ce qui est du bébé, j'ai passé l'âge. Mais moi, on me demande d'arriver en très jeune, j'arrive en très jeune ! Je fais quand même un effort et voilà comment je suis reçue !

MARINA - Le très jeune ne vous rajeunit pas tant que ça. Ne m'en veuillez pas, vous ne correspondez pas à ce que j'avais commandé, j'ai le droit d'être déçue. On va quand même jouer le jeu, je vais vous présenter à mon président.

CAROLE - Puisqu'on se dit tout, tutoyez-moi, ça fera plus vrai.

MARINA - Pas facile avec les enfants ! *(Elle s'approche de Harold avec Carole.)* Monsieur le président, je vous présente donc ma fille.

HAROLD - Mademoiselle…

CAROLE - Monsieur le président…

HAROLD - Alors, c'est vous le bébé ? Votre mère devrait plutôt annoncer une ravissante jeune fille.

CAROLE - Ma mère ?

MARINA - Oui, votre mère… enfin ta mère, c'est moi !

CAROLE - Elle ne me voit pas grandir. Que voulez-vous ? Elle est toujours absente !

COLETTE *(toujours de son fauteuil)* - On y revient !

HAROLD - Je suis ravi de faire votre connaissance. J'ai failli appeler la police comme vous ne rentriez pas. Je vous trouve très mignonne, mademoiselle Carole.

CAROLE - Merci monsieur.

COLETTE - Oublions la police et viens embrasser ta grand-mère.

CAROLE - J'ai une grand-mère ! Je suis au courant de rien.

Colette et Carole s'embrassent.

COLETTE - Tu grandis de jour en jour ma petite.

CAROLE - Oui, je suis trop grande pour mon âge, je sais, maman vient de me le dire. En attendant, je vais dans ma chambre.

COLETTE - Va te reposer mon enfant. *(La regardant s'éloigner.)* C'est quoi cette tenue ?

MARINA - Vous… tu vas dans ta chambre ? Tu nous laisses seuls ?

CAROLE - Maman, je voudrais prendre une douche, me mettre à l'aise. C'est possible ? Je suis ici chez moi, il me semble.

MARINA - Mais vous êtes ici… tu es ici chez vous… chez moi… chez toi ! J'y suis arrivée !

CAROLE - Merci, petite mère, de le comprendre. *(Discrètement.)* C'est par où ma chambre ?

MARINA - Par là. *(Elle indique la porte cour.)*

CAROLE - Je reviens tout de suite. Je te pique quelques fringues pour me changer.

HAROLD - Pouvez-vous me rapporter un verre d'eau ? Je suis complètement déshydraté.

CAROLE - Avec plaisir, monsieur le président.

Carole sort.

HAROLD - Vous avez une fille merveilleuse et, à l'entendre, elle vous aime.

MARINA - Les enfants sont imprévisibles. C'est vrai, je suis gâtée, elle est merveilleuse… Elle grandit un peu trop vite.

HAROLD - Et que fait-elle ?

MARINA - Elle vient de rentrer à la maison et, comme d'habitude, elle passe dans sa chambre pour se changer.

HAROLD - Oui, j'entends bien. Mais dans la vie que fait-elle ? Des études ?

MARINA - Pour moi, c'est toujours un bébé, alors ce qu'elle fait !

HAROLD - Elle étudie quoi ? Dans quel domaine ?

MARINA - Bonne question. Si j'avais la réponse, je pourrais vous répondre !

COLETTE - Ma belle-fille sèche !

MARINA - Vous ça va ! Alors ma fille fait quoi ? Des études compliquées, tellement compliquées que moi-même je ne sais même pas ce que c'est.

HAROLD - Vous connaissez tout de même son orientation ?

MARINA - Son orientation ? C'est elle qui se fixe son chemin. Vous lui poserez la question. Les études de nos jours sont si différentes des nôtres !

HAROLD - Vous avez raison, plus rien à voir avec nous. Leur façon de faire, d'étudier, d'apprendre… On est un peu perdu, nous les parents.

MARINA - Perdu, c'est le mot, je suis même complètement égarée. J'aurais bien besoin d'un GPS pour me retrouver ! Je pourrais peut-être vous mettre au courant de ma réunion de Londres, monsieur le président ?

COLETTE - Et vous, Harold, avez-vous également des enfants ?

MARINA - Vous n'arrivez pas à respecter notre contrat, chère belle-mère. Assise en silence.

COLETTE - Je suis brimée, mon cher Harold. Je peux tout de même demander à monsieur le président s'il a des enfants ? Voilà un quart d'heure que je n'ai pas dit un mot ! Un peu de liberté, ma belle-fille.

HAROLD - Non… non… non…

MARINA - Vous ne voulez pas qu'on tienne notre réunion ?

HAROLD - Mais non ! Je réponds à Colette. Je n'ai pas d'enfant.

COLETTE - Comme c'est dommage ! Pas d'enfant, c'est triste. Regardez ma belle-fille, Marina, comme elle est épanouie d'avoir une fille comme Carole. Vous ne le regrettez pas, Harold ?

MARINA - C'est ça, je suis très épanouie !

HAROLD - Je suis dévoué à mon travail. Je n'ai pas vu le temps passer et quand je viens, comme ici, dans un foyer où je vois une famille composée d'enfants, de parents, de grands-parents, mon cœur se serre.

COLETTE - Vous allez me faire venir la larme à l'œil !

HAROLD - Oui, il est trop tard pour moi.

COLETTE - Il n'est jamais trop tard.

HAROLD - Et de votre côté, votre famille ?

COLETTE - Oh ! moi, c'est une longue histoire…

MARINA - Justement, elle est bien trop longue pour monsieur le président. Passons dans mon bureau pour notre briefing, je vous en prie.

HAROLD *(consultant sa montre)* - J'ai tout mon temps. Je me sens si bien chez vous, ça me change du travail. *(A Colette.)* Je suis à vous.

COLETTE - Enfin quelqu'un qui m'écoute. Merci Harold. Approchez-vous de moi… Alors voilà…

MARINA - Si vous pouviez faire court !

COLETTE - Harold, c'est une femme seule, désespérément seule, que vous avez devant vous.

HAROLD - Vous, madame Colette ?

COLETTE - Moi, la Colette. Sans mari, sans enfants. Rien. Une profonde solitude.

HAROLD - Vous pensez réellement cela ? Vous avez pourtant une petite-fille, une belle-fille, un fils…

COLETTE - C'est une façade. Intérieurement, c'est le désert familial.

HAROLD - Comment ça une façade ?

MARINA - Ne l'écoutez pas, monsieur le président. Ma belle-mère boit de temps en temps et sa mémoire lui fait défaut.

COLETTE - Qu'est-ce que vous racontez ? Je sais très bien ce que je dis. Oui, effectivement, j'ai un fils… oui… pour un soir… j'ai un fils. Vous avez vu dans quel état ? Et ma petite-fille… oui, une petite-fille… si on peut appeler ça une petite-fille. Vous trouvez ça normal, Harold, qu'une grand-mère doive réclamer un baiser à sa petite-fille ? Les enfants sont ingrats. Quant à ma belle-fille, je fais tout pour lui être sympathique et elle me cloue dans ce maudit fauteuil. Heureusement, elle est souvent absente. En résumé, je ne connais pas ma famille ! Je suis seule, Harold. Terriblement seule.

HAROLD - Et votre mari ?

COLETTE - Quoi, mon mari ? Je n'ai jamais eu de mari. Je vous dis que je suis seule.

HAROLD - Votre fils a bien eu un père ?

COLETTE - Ah ! ben oui ! Je l'ai complètement oublié celui-là. Le père de mon fils ? Mon fils est né naturellement… Je ne sais même pas qui est le père ! Envolé le père de mon fils et heureusement, parce que si je le tenais, j'aimerais lui tordre le cou !

HAROLD - Si votre fils ressemble à son père, je comprends. Vous n'avez pas eu de chance avec votre famille.

Colette - Tel père tel fils. Je n'ai pas échappé à la règle.

Harold - Lui aussi, toujours absent ?

Colette - Mais Harold, vous ne comprenez donc pas ! Ils sont tous absents dans cette famille ! Tellement absents qu'ils ne se connaissent pas.

Marina - Elle exagère, monsieur le président. Observez, nous sommes tous présents.

Isabelle et Christian reviennent et entrent porte centre.

Isabelle - Madame, monsieur est guéri !

Harold - Comment va-t-il ?

Isabelle - Tout est recadré.

Christian - Je vais parfaitement bien.

Colette - Tant mieux. Harold a failli appeler les urgences psychiatriques, mon cher fils.

Christian - Ce n'est pas la peine. Isabelle m'a fait une mise au point. Je suis heureux de vous recevoir chez moi, monsieur le président.

Harold - Je suis ravi de « refaire » votre connaissance. Impressionnante cette transformation.

Christian - Moi de même. Je vous demande de m'excuser pour mon comportement, parfois je n'imprime plus très bien.

Harold *(à Isabelle)* - Vous êtes fantastique. Vous devriez changer de métier.

Marina - Il n'en est pas question, ça fait partie de ses attributions que de s'occuper de ma chère famille. *(Elle appuie sur le mot « chère ».)*

Isabelle - Que madame se rassure, je suis très bien à son service. J'aimerais savoir si madame n'a pas rencontré d'autres problèmes durant mon absence ?

Marina - J'ai fait la connaissance de ma fille… je veux dire que ma fille est rentrée… Figurez-vous que j'avais du mal à la reconnaître.

Colette - C'est terrible comme les enfants grandissent.

Isabelle - Effectivement, votre fille a beaucoup changé en peu de temps. J'espère qu'elle s'est bien comportée.

Marina - Elle s'est tout de suite intégrée, elle est allée tout droit dans sa chambre se changer… Entre vous et moi, je doute qu'elle trouve ses affaires et sa chambre !

Isabelle - Je conseille à madame d'aller vérifier ce que fait sa fille. Il y a certaines situations que je ne peux pas contrôler.

Marina - Vous avez raison, elle passe trop de temps dans sa chambre cette enfant. Je vais la retrouver immédiatement.

Isabelle - C'est ça. Si madame a besoin de mes services, n'hésitez pas, je suis à la cuisine.

Marina - Au moindre dérapage, je vous sonne !

Isabelle - C'est ça, sonnez. Pour le moment, la cellule familiale prend corps !

Marina *(à Harold)* - Vous permettez ? J'en ai pour une minute…

> *Isabelle sort porte jardin. Au même moment, la porte cour s'ouvre. Carole apparaît. Elle a changé de vêtements (robe du soir). Elle est beaucoup plus femme, méconnaissable. Elle tient un verre à dents rempli d'eau.*

Marina - Vous êtes qui ?

Carole - Votre fille… enfin, ta fille, ma petite maman.

MARINA - Ma fille ? J'ai du mal à la reconnaître, elle continue de grandir ! En revanche, ce que je reconnais ce sont mes vêtements.

CAROLE - Tu sais bien que j'aime prendre tes affaires, ma petite maman. D'ailleurs, côté fringues, c'est le top, mais question goût, c'est naze.

MARINA - Comment ça, c'est naze ? Tu oublies que vous parlez à ta mère. Pas de goût ? Ce que tu as sur le dos vaut une fortune !

HAROLD - Vous êtes très belle, mademoiselle. Vous portez avec élégance cette robe haute couture et en plus vous avez pensé à mon verre d'eau. Elle est charmante. Si j'avais vingt ans de moins…

MARINA - N'oubliez pas que c'est ma fille, monsieur le président… et que vous avez vingt de plus !

CAROLE - N'est-ce pas que je suis charmante ? *(Elle offre le verre d'eau à Harold.)* Voilà votre verre d'eau.

HAROLD - Merci. Je n'ose rien dire, je me ferais gronder par votre maman, mais je n'en pense pas moins.

CAROLE - Alors ne dites rien. Maman, je peux retourner dans ta chambre ? *(Marina ne répond pas.)* Maman, tu me réponds ?

MARINA *(prenant conscience qu'elle est sa mère)* - Ah oui ! C'est moi la maman ! J'ai du mal à m'y faire. Je t'accompagne dans ma chambre, j'ai un jean qui va t'aller à merveille.

CAROLE - Je suis très bien comme je suis.

MARINA - Aucun doute, ces vêtements sont très confortables, mais ce n'est ni l'heure ni le moment pour les porter.

CHRISTIAN - Tu pourrais la laisser comme elle est ! Fais plaisir à ta fille. Je la trouve très jolie. Je t'en offrirai d'autres.

MARINA - Qui êtes-vous pour me dire ça ?

CHRISTIAN - Le père.

Marina - Je l'avais complètement oublié celui-là. Néanmoins, moi, sa mère, je préfère la voir en jean.

Christian - Je n'avais jamais vu ma fille aussi belle. Tu pourrais…

Marina - Il n'en est pas question. En jean, allez, ouste ! *(Elles se dirigent vers la porte cour. Sur le ton de la confidentialité.)* Le verre d'eau d'où vient-il ?

Carole - J'ai pris ce que j'avais sous la main dans votre salle de bains… J'ai trouvé ce verre à dents, je l'ai rempli d'eau du robinet, pourquoi ?

Marina - File dans la chambre, j'ai vraiment deux mots à te dire… ma fille !

Carole *(plus discrètement)* - N'oubliez pas, je ne suis pas réellement votre fille.

Marina *(sur le même ton, excédée)* - C'est exactement ce que je pense, alors ne poussez pas le bouchon trop loin avec votre fausse mère. La robe plus le verre d'eau, ça me fait déborder ! *(Carole disparaît. Marina poursuit pour être entendue des autres et jouant à la maman.)* Et si ça continue, tu seras punie de télé ! Tu vas obéir à ta maman !

Harold - Quel caractère ! Je n'en reviens pas. Jamais je n'aurais imaginé votre épouse éduquant un enfant. J'irai même plus loin : je ne la voyais même pas mariée avec une vie de famille. C'est très enrichissant d'aller chez ses collaborateurs.

Christian - Pour ne rien vous cacher, moi aussi je découvre mon épouse.

Harold - Qu'est-ce que j'ai bien fait de venir ! Je suis ravi de vous rencontrer, de faire votre connaissance et de voir que vous allez beaucoup mieux.

Christian - Pardonnez-moi, je suis sujet à de violents coups de fatigue après une journée de travail.

HAROLD - Je peux me permettre de vous demander ce que vous exercez comme profession, cher Christian ? Je vous appelle Christian ?

CHRISTIAN - Mais faites donc, cher… Edouard.

HAROLD - Je m'appelle Harold.

CHRISTIAN - Je savais que c'était un prénom british, alors… hello Harold !

HAROLD - Hello Christian ! Entre nous je suis français, un bon bonjour je comprends.

CHRISTIAN - Oui.

HAROLD - Vous n'avez toujours pas répondu à ma question.

CHRISTIAN - Je vais le faire. Vous pouvez me répéter la question ?

HAROLD - Comment occupez-vous vos journées, si ce n'est pas indiscret ?

CHRISTIAN *(comme perdu)* - Vous pouvez me le demander !

COLETTE *(en complicité avec le public)* - La question à ne pas poser ! La panique n'est pas loin. Il va se redétraquer. Quand on est niais, on est niais !

CHRISTIAN - Qu'est-ce que je fais, c'est exactement ce que vous me demandez ?

HAROLD - Je ne veux pas vous gêner. Vous n'êtes pas obligé de me répondre. Sachez que toute profession mérite le respect, voilà ma devise.

CHRISTIAN - J'exerce dans « l'un porc ex-porc ».

COLETTE *(pour elle)* - Quoi ? Qu'est-ce qu'il a encore inventé ?

HAROLD - Très intéressant. Et dans quel domaine ?

CHRISTIAN - Comment ça dans quel domaine ?

HAROLD - Oui, votre activité dans l'import-export, vous touchez à quoi ?

CHRISTIAN - Ben… aux porcs !

HAROLD - Aux ports… Les bateaux, le maritime ? C'est un domaine qui m'est totalement inconnu. Ce doit être passionnant.

CHRISTIAN - Je n'ai pas de bateaux ! Pourquoi j'aurais des bateaux ? Seulement des porcs et ça me suffit bien.

HAROLD - Je comprends. Cela doit être lourd à gérer. Je comprends que vous soyez fatigué, la mer n'est pas toute proche.

CHRISTIAN - La mère ? *(Désignant Colette.)* Elle est là. Vous la voyez comme moi, pas besoin de faire des kilomètres.

COLETTE - Je suis la mère, il n'a pas tord !

HAROLD - Vous avez de l'humour. Je ne parle pas de votre mère mais de la mer, l'eau, l'océan, comme vous travaillez dans un port.

CHRISTIAN - Ah oui ! Vous avez raison. Vous n'y êtes pas du tout. Mon job, c'est les porcs, pas compliqué ! *(Il le fixe. Harold fait mine de ne pas comprendre.)* Pour un P.-D.G., c'est pas fort, il ne sait même ce que c'est qu'un porc… Ben, un cochon ! Vous voyez ce que c'est un cochon, au moins ?

HAROLD - Oui… Je ne fais pas le lien.

CHRISTIAN - Vous ne percutez pas ? Elle est forte celle-là ! Il ne sait pas ce que c'est qu'un cochon ! Le cochon, les saucissons, les pâtés, les jambons… tout ce qui est bon, c'est du cochon !

HAROLD - Pardonnez-moi, sans doute la fatigue, je n'y étais pas du tout. Vous parlez des cochons et moi des ports maritimes. J'étais entre deux eaux avec vos porcs et mes ports.

CHRISTIAN *(désignant sa tête)* - Je sais ce que c'est quand ça coince là-haut ! Ça m'arrive de temps en temps.

HAROLD - J'avoue avoir coincé fortement. Expliquez-moi le lien entre vos porcs, vos cochons, et l'import-export.

CHRISTIAN - J'élève des porcs que j'engraisse et après je les emmène à l'abattoir.

HAROLD - Oui, je ne vois toujours pas le rapport…

CHRISTIAN - Ce qui fait « un porc… ex-porc ».

HAROLD - Ex… porc… ? Je crois que je me surprends encore à coincer, cher Christian.

CHRISTIAN - Et vous êtes P.-D.G ? Suivez bien mon explication : ex-porc, parce que quand je conduis le cochon à l'abattoir, quand le couteau lui passe sous la gorge, il devient « ex-porc » !

HAROLD - Oui, oui, oui. Effectivement, c'est tout à fait juste. Je comprends votre raisonnement, vous travaillez bien dans l'import-export. Je n'avais pas imaginé ça comme ça. Vous êtes un farceur !

CHRISTIAN - Je ne fais que de la farce de porc. On ne rigole pas avec la farce !

HAROLD - Je n'aurais jamais imaginé le mari de ma collaboratrice travailler dans le porc.

COLETTE - Même moi, je n'étais pas au courant !

HAROLD - Cette occupation vous prend beaucoup de temps, j'imagine que vous vous faites aider par des employés ?

CHRISTIAN - Des employés ? Vous voulez rire ! C'est suffisamment dur comme ça ! Et avec quoi je les payerais les employés ?

HAROLD - Vous voulez me faire entendre que vous êtes seul pour faire votre travail d'import-export ?

CHRISTIAN - Comme je vous le dis ! D'ailleurs je ne pourrais pas rester trop longtemps, je suis là juste pour dépanner Isabelle.

HAROLD - Isabelle, la bonne ? Vous venez dépanner la bonne ?

CHRISTIAN - Ben… quand elle a besoin de moi, j'arrive.

HAROLD - Je crois que je coince encore. Qu'entendez-vous quand vous dites : « la bonne a besoin de moi, j'arrive » ?

COLETTE *(au public)* - Là, il est mal parti, on va voir comment il va s'en sortir, le niais !

CHRISTIAN *(bien lentement)* - Isabelle me dit d'arriver ici parce que vous, vous arriviez, c'est facile à comprendre ! *(Œil interrogateur de Harold.)* Comme vous arriviez, je devais arriver.

HAROLD - Vous voulez dire que c'est la bonne qui vous a prévenu de mon arrivée et que vous êtes venu pour m'accueillir sinon vous seriez encore dans votre élevage de porcs ?

CHRISTIAN - C'est exactement ce que je viens de vous dire.

COLETTE *(toujours pour elle en mettant le public complice)* - Ouf ! j'ai bien cru qu'il allait tout avouer de notre fausse famille !

CHRISTIAN - D'ailleurs, je ne pourrais peut-être pas rester jusqu'à votre départ. Les bêtes, vous savez ce que c'est, ça n'attend pas.

HAROLD - Je n'ai aucune connaissance dans ce domaine. Votre épouse ne m'a jamais entretenu sur ce sujet. Cela doit être passionnant et fatigant vu que vous faites tout le travail.

CHRISTIAN - Je suis une entreprise à moi tout seul !

HAROLD - Je serais ravi de la visiter quand j'aurai un petit peu plus de temps.

CHRISTIAN - C'est pas de refus. Faudra juste prévoir des habits parce que mes cochons ils n'ont pas l'habitude de voir des costumes.

HAROLD - Le temps presse maintenant, je dois voir votre épouse pour traiter quelques sujets. Mon avion part pour New York dans peu de temps. Si je peux me permettre, vous pourriez l'avertir que je désire la voir ?

CHRISTIAN - Je crois que c'est possible. Où est… mon épouse ?

HAROLD - Elle a disparu, il me semble par cette porte, avec votre fille. *(Il désigne la porte cour.)*

CHRISTIAN - Ah oui ! Ma… fille. *(Interpellant Colette.)* Vous n'avez qu'à y aller, vous !

COLETTE - Moi ? Je ne connais pas sur quoi donne cette porte. Et puis on m'a dit de rester dans ce fauteuil, j'y reste.

CHRISTIAN - Je suis comme vous, je ne vais pas passer cette porte. Je ne sais pas ce qu'il y a derrière. Elle va revenir, ne vous en faites pas.

HAROLD - Vous le faites exprès tous les deux ? Comment ça, vous ne savez pas ce qu'il y a derrière cette porte ? Vous êtes chez vous ici !

CHRISTIAN - Chez nous, c'est vite dit. On devrait appeler la bonne, vous ne trouvez pas ?

HAROLD - Pour franchir cette porte, vous avez besoin de la bonne ? Elle commence à prendre un peu trop de place votre bonne.

CHRISTIAN - Moi je suis les consignes : dès qu'il y a un problème, j'avertis Isabelle.

HAROLD - Attendez. Remettons tout à plat. Où est le problème quand je vous demande d'aller me chercher votre épouse qui se trouve derrière cette porte ?

COLETTE - Il n'a pas tout à fait tord.

CHRISTIAN - Vous n'êtes pas au courant ?

HAROLD - Au courant de quoi ?

COLETTE *(à part)* - Pourvu qu'il ne dise rien !

CHRISTIAN - Quand je rentre de mon travail, je n'ai pas le droit de franchir cette porte.

HAROLD - Qu'est-ce que vous me racontez là ? On n'a jamais vu ça !

CHRISTIAN - On voit que vous ne travaillez pas dans le cochon.

HAROLD - Je ne vois toujours pas le rapport ?

CHRISTIAN - Le rapport, comme vous dites, il ne se voit pas, il se sent.

HAROLD - Oui, oui, oui. Je comprends…

COLETTE *(à part)* - Il n'est pas si niais que ça !

CHRISTIAN - Quand je veux voir mon épouse derrière cette porte, j'avertis la bonne qui va me la chercher.

HAROLD - Le cochon ça sent tant que ça ? Parce que là, auprès de vous, malgré un léger rhum, je ne sens strictement rien.

CHRISTIAN - C'est normal, j'ai pris une douche juste avant de venir, vu que vous arriviez.

HAROLD - Pardonnez-moi d'insister une fois de plus, mais si vous ne sentez pas le cochon vous pouvez aller chercher votre épouse sans passer par la bonne !

CHRISTIAN - Et qu'est-ce que vous faites des habitudes ? Moi, dès que j'appelle ma femme, j'appelle la bonne. *(Il appelle Isabelle.)* La bonne ! La bonne ! La bonne !

Isabelle arrive de la cuisine, porte jardin. Elle est en communication sur son portable.

ISABELLE *(au téléphone)* - Vous voulez une belle-mère pour demain ? Attendez, ne quittez pas, je vous reprends tout de suite. *(A Christian.)* Il y a urgence ?

CHRISTIAN - Monsieur Harold souhaiterait voir mon épouse.

ISABELLE - Oui. Où est le problème ?

CHRISTIAN - Allez la chercher, comme d'habitude.

ISABELLE - Faites-le vous-même, vous voyez bien que je suis en communication !

CHRISTIAN - Eh bien, raccrochez et allez chercher mon épouse comme d'habitude.

ISABELLE - Vous vous prenez pour qui ? Et qu'est-ce que c'est que cette habitude ?

COLETTE - Ça va chauffer !

HAROLD - C'est exactement ce que je voulais lui expliquer. Monsieur ne veut rien entendre.

CHRISTIAN - C'est toujours vous qui allez chercher mon épouse, je ne dois pas franchir cette porte, je sens le cochon !

ISABELLE - Allons bon, il sent le cochon !

COLETTE - Ça sent même le roussi !

ISABELLE - Qu'est-ce qu'il m'invente ? C'est quoi ce cochon ?

HAROLD - Sans doute c'est la maladie qui le reprend ! Vous ne trouvez pas que vous en faites un peu trop pour aller chercher votre épouse qui se trouve juste là alors que vous avez pris une douche ?

ISABELLE - Je suis en train de me noyer dans toutes vos explications. *(Reprenant son portable.)* Vous êtes toujours là ? Je vous rappelle. Je ne comprends rien, une sordide histoire de cochon qui prend sa douche… (…) Oui, j'en prends bonne note. Une belle-mère pour demain soir… *(Elle coupe son portable.)*

COLETTE *(pour elle, toujours dans son fauteuil)* - La belle-mère, c'est pour moi ! Ça tombe bien, je ne fais rien demain !

HAROLD *(l'ayant entendue)* - Comment ça la belle-mère c'est pour vous ?

COLETTE - Ne tenez pas compte de ce que je dis.

HAROLD - Qu'est-ce qui se passe dans cette famille ? Je ne comprends plus rien, mais alors rien !

CHRISTIAN - Il se détraque lui aussi !

HAROLD - Je n'ai pas l'intention de me détraquer. Je veux comprendre.

ISABELLE - Tout va bien… Tout va très bien, monsieur Harold.

HAROLD - Dans ce cas, quel est le problème pour franchir cette porte ?

CHRISTIAN - Pas de problème. Nous avons nos habitudes qui peuvent surprendre, je vous l'accorde. Madame la bonne, s'il vous plaît, voudriez-vous aller chercher mon épouse et le problème sera réglé ?

COLETTE - C'est la meilleure solution parce que s'il réfléchit bien, il va tout comprendre.

HAROLD - C'est qui « il » ?

COLETTE - Mon cher Harold, ne posez pas tant de questions. *(A Isabelle.)* Et vous, allez chercher ma belle-fille.

ISABELLE *(passant près de Christian)* - Vous me devez certaines explications. Qu'est-ce que c'est que cette histoire de cochons ?

CHRISTIAN *(montrant la porte)* - On vient de vous demander mon épouse ! *(Isabelle s'exécute et disparaît porte cour.)* On n'en fait plus ce qu'on veut des domestiques !

HAROLD - Si votre épouse apprend ce qui vient de se passer, la connaissant, elle sera furieuse.

COLETTE - Laissez ma belle-fille en dehors de ça, elle n'a pas nos habitudes.

Christian - Oui, laissez ma femme, elle ne voudrait plus nous payer.

Colette - Je voudrais bien voir ça.

Harold - Parce qu'elle vous paie ?

Christian - Encore heureux ! On ne vient pas pour rien !

Harold - Ça y est, j'ai votre maladie, je coince ! Je ne comprends rien à ce que vous racontez.

Christian - En résumé, on ne travaille pas pour rien.

Colette - Exactement.

Harold - Stop ! C'est vous qui délirez. Je suis où ?

Christian - Chez moi !

Colette - Chez mon fils et surtout chez Marina.

Christian - En fait, vous êtes plus chez mon épouse que chez moi.

Harold - Pourquoi cela ?

Colette - Ne cherchez pas toujours à comprendre. C'est une manie chez vous ! Faudra vous corriger, Harold.

Isabelle revient porte cour. Elle est suivie par Marina et Carole, qui est habillée plus classique, avec un jean.

Harold - Vous voilà enfin ! Il était temps. Marina, j'ai certaines questions à vous poser. J'attends vos réponses sinon mes neurones vont se détériorer.

Marina - Je ne voudrai pas en être la cause, monsieur le président. Qu'est-ce que je peux éclaircir ?

Harold - Tout. Je ne savais pas que votre mari travaillait dans le cochon !

MARINA *(surprise mais ne laissant rien paraître)* - Le cochon ?! Oui, ça surprend ! Vous ne saviez pas également que j'étais mariée et que j'avais une fille.

HAROLD - Oui. Quoique votre fille, vu votre description, je m'attendais à voir un bébé.

CAROLE - Maman ne me voit pas grandir.

HAROLD *(consultant sa montre)* - En plus l'heure tourne. Pouvons-nous nous retirer pour que je reprenne mes esprits et éventuellement travailler ?

MARINA - Bien volontiers. *(A tous.)* Je vais dans mon bureau quelques minutes avec Harold. Vous m'attendez ?

TOUS *(excepté Harold)* - Oui, oui.

Marina et Harold sortent porte cour. Colette, Isabelle, Carole et Christian les regardent partir.
Un petit silence...

ISABELLE - J'espère pour vous qu'Harold n'a rien compris.

COLETTE - Il est loin de se douter de qui nous sommes.

ISABELLE - Je vous le souhaite. S'il apprend la vérité, que vous ne faites pas partie de la famille, la cliente est en droit de ne pas vous régler.

CHRISTIAN - Ah bon ?

COLETTE - Ça me paraît logique.

CHRISTIAN - Moi, je m'en suis bien tiré. Ça ne serait pas de ma faute s'il découvrait que je n'étais pas son mari.

COLETTE - Vous trouvez ? Votre histoire de cochons, passez-moi l'expression, a failli tourner en eau de boudin !

CHRISTIAN - Je n'ai pas du tout cette impression. Je suis assez fier de moi, j'ai tout inventé sur le cochon.

COLETTE - Votre « un porc ex-porc », c'est d'un ridicule ! Heureusement pour vous que Harold n'y connaît rien sinon il en aurait fait du pâté de votre histoire de cochons.

ISABELLE - Vous devez m'informer de toutes vos initiatives pour ne pas faire capoter la crédibilité de mon agence. Alors mollo sur le cochon. Colette, vous êtes libre demain soir pour faire une belle-mère ?

COLETTE - Alcoolique ?

ISABELLE - Ça devient une maladie chez vous ! Suivez-moi, je dois rappeler le client, nous serons plus libres dans la cuisine. La cuisine, c'est un peu chez moi. C'est encore vous qui avez décrété que je serais la bonne ! Encore une bonne initiative !

COLETTE - Moi, quand je ne bois pas, je ne sais pas ce que je dis !

Isabelle et Colette sortent porte jardin.

CAROLE - C'est quoi les cochons ?

CHRISTIAN - Le président m'a demandé ce que je faisais dans la vie. Je ne pouvais tout de même pas lui avouer que je faisais du « remplacement familial » ! Alors comme j'aime bien les cochons, j'ai dit que je travaillais dans le cochon.

CAROLE - Et il t'a cru ?

CHRISTIAN - Bien sûr qu'il m'a cru ! Il a tout gobé le Harold !

CAROLE - Tu es trop fort.

CHRISTIAN - Attends la meilleure. Quand je suis rentré ici tout à l'heure, Isabelle n'a pas eu le temps de me prévenir qui était qui, je ne connaissais personne, je ne savais même pas leurs liens. Alors dans ce cas-là, tu me connais, je fais l'idiot.

Carole - Et ça a marché ?

Christian - Sans le moindre effort. A tel point que le Harold, il me palpait la tête dans tous les sens pour voir si je n'avais pas reçu un coup.

Carole - Et alors ?

Christian - Ben non ! Il voulait même m'envoyer à l'hosto.

Carole - Et t'es redevenu normal en quelques secondes ?

Christian - Dès que j'ai su qui était qui, j'ai très bien joué. J'ai fait passer mon côté dépressif-amnésif pour de la fatigue, le cochon c'est pas de tout repos, et maintenant je suis le mari tout à fait normal de Mme Marina.

Carole - Et qu'est-ce que c'est qu'un mari normal ?

Christian - Un mari heureux avec son épouse.

Carole - Dis-moi, tu ne lui montres pas trop ta joie ?

Christian - Tu me connais…

Carole - Justement, je te connais.

Christian s'approche de Carole. Il la prend dans ses bras ; elle ne lui résiste pas.

Christian - Si tu me connaissais, tu ne devrais avoir aucun doute sur mes sentiments.

Carole - Tu peux tomber sous le charme, Marina en a beaucoup.

Christian - Oui, elle est charmante. Quand je te vois dans ses habits, je te trouve… je te trouve…

Carole - Du calme ! Du calme ! Tu me trouves comment ?

Christian - Superbe !

Carole *(avec un petit temps d'admiration)* - Moi aussi je me trouve superbe. Je t'adore !

CHRISTIAN - Tu en jettes en habit de soirée.

CAROLE - Quand j'ai ouvert la garde-robe de Marina, c'était l'Ali Baba des grands couturiers. Je n'ai pu résister, j'ai tout essayé, j'ai mis un boxon…

CHRISTIAN - Tu te retrouves quand même en jean.

CAROLE - Pas grave. De toute manière il y a toujours quelque chose qui manque dans les habits de soirée.

CHRISTIAN - On peut savoir ?

CAROLE - Les soirées !

CHRISTIAN - Tu vas en avoir des soirées avec moi ! *(Il la serre encore plus fort contre lui.)*

CAROLE - Arrête ! Si on nous voyait…

CHRISTIAN - Ils sont tous occupés. Il y a peut-être même une chambre de libre ici ?

CAROLE - Tu ne t'imagines pas… Oh ! quand même ! Chez ma mère !

CHRISTIAN - Embrasse-moi.

CAROLE - Ça, ça reste réalisable, mais très vite.

Christian se penche… Carole lui offre ses lèvres… La porte de la cour s'ouvre ; le baiser n'aura pas lieu. Harold jette un regard de surprise sur le couple inattendu. Le duo n'ose plus bouger.

HAROLD - Dites-moi que je rêve !

CHRISTIAN - Ciel, le patron de ma femme !

CAROLE - Je sentais que quelqu'un allait venir !

CHRISTIAN - Tu sentais bien ! Ah ! l'intuition féminine !

HAROLD - Je vous prends en flagrant délit. Vous alliez embrasser votre fille sur la bouche ! A son âge ! Un bébé ! C'est scandaleux ! J'avertis votre épouse.

CHRISTIAN - A son âge ? Mais elle ne fait pas son âge ! Elle a bien plus que vous ne l'imaginez.

CAROLE - Je fais si vieille que ça ?

HAROLD - Peu importe. C'est votre fille. Je préviens votre épouse.

CHRISTIAN - Non, ne faites pas cela.

HAROLD - Je l'avertis. Il y a des pratiques qui ne se pratiquent pas. *(A Carole.)* Pauvre enfant, fallait vous débattre, vous rebeller !

CAROLE - Je ne peux pas.

HAROLD *(à Christian)* - En plus vous la torturez ! Vous êtes un monstre !

CAROLE - Christian n'est pas un monstre.

HAROLD - Ecoutez, ma petite, je suis là, vous pouvez parler. Dorénavant, vous êtes sous ma protection. Il ne vous arrivera rien.

CAROLE - Je n'en ai pas besoin de votre protection. Je vais très bien. *(A Christian.)* Dis-lui la vérité !

HAROLD - Quelle vérité ? Il existe un secret encore plus monstrueux ? Je vous écoute mon garçon.

CHRISTIAN *(à Carole)* - Je ne dois pas le dire. Nous sommes sous contrat.

CAROLE - Je sais, mais là, on ne peut plus le cacher. Ça va faire un scandale. Mets-le dans la confidence.

HAROLD - Je suis incorruptible. On ne m'achète pas. De toute manière, ma conscience me dicte d'avertir votre mère, mademoiselle.

CAROLE - Ce n'est pas ma mère.

Harold - Quoi?

Christian - Je ne suis pas le père de Carole.

Harold - Vous êtes bien le mari de Marina?

Christian - Je ne suis pas son mari.

Harold - Vous êtes qui alors?

Christian - Personne.

Harold - Personne? Vous ne seriez pas en train de refaire une crise, par hasard?

Christian - Rassurez-vous, je vais très bien.

Harold - Au vu de la situation, j'aurais préféré mettre ça sur le compte de votre dérangement mental.

Christian - Je vais très bien.

Harold *(à Carole)* - Et vous, vous êtes qui si votre mère n'est pas votre mère, votre père n'est pas votre père et que vous n'êtes pas un bébé? C'est moi qui suis en train d'en reprendre un coup!

Carole - Personne.

Harold - Vous vous foutez de moi tous les deux?

Carole - On vous dit la vérité. Tout ce qu'on vous révèle, vous ne devriez jamais le connaître.

Harold - J'ai l'impression d'être encore en plein vol, dans les nuages. S'il vous plaît, j'aimerais atterrir!

Christian - Nous allons tout vous expliquer. Il faudra simplement ne rien dire à Marina. Elle ne doit rien savoir de notre relation.

Harold - Vous admettez que vous avez un lien tous les deux!

CAROLE - Nous l'admettons, mais il n'est pas familial… enfin, pas comme celui d'un père avec sa fille.

HAROLD - Je suis toujours dans le brouillard. Je peux avoir un petit remontant ? J'ai mes neurones en surchauffe. *(Carole va lui verser un petit verre de remontant.)* Alors vous dites ?

CHRISTIAN - Vous nous avez très bien compris.

HAROLD - J'ai compris que pour justifier vos pulsions, vous inventez n'importe quoi !

CHRISTIAN - Je n'invente rien, demandez à ma fiancée.

HAROLD - Ce bébé est votre fiancée ? Le remontant, vite !

CHRISTIAN - Voilà plus de deux ans que nous vivons ensemble.

HAROLD - Et votre femme sait que vous vivez avec votre fille ?

CHRISTIAN - Ce n'est pas ma fille. Ça ne regarde pas Marina notre union.

HAROLD - C'est ce qu'on va voir ! Si vous n'êtes pas ce que je sais, que faites-vous là ? Si ça se trouve, votre histoire de cochons c'était pour vous payer ma tête ! Vous êtes des imposteurs ! *(Il boit le remontant cul sec.)* Il n'y a pas plus fort comme remontant ? Je me dois d'éclaircir immédiatement cette situation. Ça devient grave.

CAROLE - Nous comprenons votre réaction mais, encore une fois, nous ne sommes pas qui vous croyez. On est tous des faux ici. Je vous explique…

Isabelle, suivie de Colette, arrive par la porte jardin. Elle a entendu la fin de phrase de Carole.

ISABELLE - Vous allez expliquer quoi ?

HAROLD - Vous qui connaissez tout, qui guérissez tout le monde, vous allez m'expliquer. *(A Carole.)* Et vous, remplissez ce verre.

COLETTE - Il va être pompette le Harold, je vais pouvoir l'accompagner ! C'est vrai, avec tout ça je n'ai pas eu le temps de jouer l'alcoolo !

HAROLD - Vous, ça va ! D'ailleurs, je ne vous ai pas demandé si Christian, enfin ce monsieur, était votre fils.

COLETTE - Christian, mon fils… *(En présence d'Isabelle, elle n'ose poursuivre sa phrase.)*

ISABELLE - Qu'est-ce qui se passe ici ? La famille a des problèmes ?

HAROLD - C'est le moins qu'on puisse dire ! J'ai vu de mes yeux… oui, de mes yeux avec mon regard…

COLETTE - Le remontant fait son effet !

HAROLD - J'ai vu, dis-je, le père, c'est-à-dire le fils de Mme Colette, embrasser sa fille.

ISABELLE - Oui, et alors, monsieur le président ?

HAROLD - Comment, « et alors » ? Un père qui embrasse sa fille, vous ne trouvez rien à redire ?

ISABELLE - Un père embrasse sa fille.

HAROLD - Mais il allait l'embrasser sur la bouche !

ISABELLE ET COLETTE - Sur la bouche ?

CHRISTIAN - Faux ! Il est arrivé juste avant !

HAROLD - Heureusement, sinon le crime de lèse-majesté était commis !

CHRISTIAN - Le crime ! Faudrait quand même pas exagérer. Embrasser n'est pas un crime !

HAROLD - Il nie ? Vous avez entendu ? Il nie !

COLETTE - Un niais qui nie, c'est un comble !

ISABELLE - Il a eu un geste affectueux, n'est-ce pas Carole ?

CAROLE - Oui, très affectueux.

HAROLD - Elle avoue ! Je ne vous ai pas tout dit. Ils vous cachent la vérité. Ils sont ensemble depuis plus de deux ans. Ils me l'ont dit.

COLETTE - Aïe aïe aïe ! Le remontant le fait parler !

ISABELLE - C'est vrai ?

CAROLE ET CHRISTIAN - Oui.

HAROLD - Puisqu'ils me l'ont dit et que je vous le répète, vous allez finir par le croire !

ISABELLE - Ce n'est pas marqué sur mes fiches.

HAROLD - Quelles fiches ?

ISABELLE - Je marque tout.

HAROLD - On s'en fout de vos fiches. Un père n'embrasse pas sa fille de cette manière.

COLETTE - Christian, mon fils, est un niais.

HAROLD - Vous, ça va avec vos niaiseries !

COLETTE - Sur un autre ton, mon petit Harold. L'alcool vous monte à la tête et c'est tant mieux, il va y avoir du spectacle. Je retourne dans mon fauteuil, c'est une bonne place ! *(Elle s'assoit.)*

HAROLD *(à Isabelle)* - Allez me chercher Marina.

ISABELLE - Pour qui me prenez-vous ? Pour la bonne ?

HAROLD - Ne me dites pas que vous non plus, vous n'êtes pas la bonne ?

ISABELLE - Eh bien, oui, je ne suis pas la bonne !

HAROLD - Pas la bonne ! Vous êtes qui ?

COLETTE - Il y a du spectacle !

Marina revient par la porte cour.

MARINA - Monsieur le président, que faites-vous ? Vous en mettez du temps pour prendre vos affaires ! Je vous attends pour travailler. Vous êtes dans un état…

HAROLD - Marina, je n'ai plus l'intention de revenir travailler.

MARINA - Pourquoi cela ?

HAROLD - J'élucide certains points, sinon j'explose !

MARINA - Je vous trouve tendu, monsieur le président.

COLETTE - Pour notre plus grand plaisir, le président est dans un état d'enivrement divin !

HAROLD - La belle-mère, vous commencez à pousser le bouchon un peu loin !

MARINA - Je ne vous ai jamais vu dans un état pareil, monsieur le président !

HAROLD - Marina, cette belle-mère, ce n'est pas votre belle-mère.

MARINA - Allons donc !

HAROLD - Je ne sais plus où j'en suis. Je crois que je deviens fou.

MARINA - Vous, monsieur le président ?! Expliquez-vous ! Il s'est passé un événement important ? *(A Isabelle.)* Vous savez quelque chose ?

ISABELLE - Monsieur le président aurait vu votre mari embrasser sa fille.

HAROLD - Pas « aurait » vu ! J'ai vu !

MARINA - Oui, et alors? Un père embrasse sa fille de temps en temps. C'est une habitude que nous avons prise dans cette famille. Et personnellement je ne trouve pas ce geste déplacé.

ISABELLE - J'ai donné la même réponse. Cette explication ne suffit pas à monsieur le président.

HAROLD - Votre mari a voulu l'embrasser d'une façon appuyée, si vous voyez ce que je veux dire.

MARINA - Appuyée? Je ne vois pas ce que cela signifie. Sachez que mon mari est un grand affectif. *(A Christian.)* N'est-ce pas?

CHRISTIAN - Je suis énorme dans l'affection.

COLETTE - C'est un niais affectueux.

HAROLD - Ne faites pas semblant de ne pas me comprendre, Marina. Je vous sais intelligente.

MARINA - Merci monsieur le président, c'est trop d'honneur, mais sincèrement, dans cette famille, nous nous embrassons.

HAROLD - Marina, j'ai quelque chose de pénible à vous révéler. Votre mari vit ailleurs avec sa fille depuis plus de deux ans.

MARINA - Ah bon? *(A Isabelle.)* Vous le saviez?

ISABELLE - Ce n'était pas dans mes fiches, je ne pouvais pas le savoir. Imparable.

HAROLD - Ce genre d'événement ne se chante pas sur les toits.

MARINA - Pourtant vous êtes au courant de tout!

ISABELLE - La preuve que non. *(A Carole et Christian.)* Vous auriez dû m'avertir. J'aurais changé vos relations dans vos prestations.

CHRISTIAN - On ne voulait pas le faire remarquer. On voulait rester discret.

HAROLD - Tout finit toujours par se savoir.

ISABELLE - Vous auriez pu contrôler vos pulsions ! Du moins ici où vous êtes sous contrat, je vous le rappelle.

HAROLD - Sous contrat ? Je ne comprends rien à vos relations. Je rajouterai qu'ils m'ont annoncé tout simplement qu'ils ne font pas partie de votre famille, Marina. C'est insensé !

MARINA - Effectivement, cela demande des explications.

HAROLD - Ce n'est ni votre mari, ni votre fille.

ISABELLE - Pour ce soir, ils sont la fille et le mari de Mme Marina.

HAROLD - Pour ce soir ? On ne peut pas être mari et fille d'un soir. Dès qu'on a une fille, c'est pour la vie ! Tout le monde délire ici. Ça ne va pas se passer comme ça !

CAROLE - Isabelle, nous avons dit à monsieur qui nous étions réellement mais la vérité ne passe pas. Il semble ne pas comprendre notre vraie relation dans la vraie vie. Ne cherchez pas à vous justifier, nous lui avons tout dit.

MARINA - Qu'est-ce que vous avez dit ?

CAROLE - Que je ne suis pas votre fille, que Christian n'est pas mon père et qu'il n'est pas votre mari.

COLETTE - Et que je n'ai pas de fils… surtout un niais !

ISABELLE - Il est au courant de tout alors ?

MARINA - Je comprends que ça vous fasse un choc, monsieur le président. Je crois que le moment est venu de vous parler franchement.

HAROLD - Si ça ne vous dérange pas…

MARINA - De toute manière, je n'aime pas le mensonge et là… Je m'explique. Ils font tous partie d'une agence de location.

HAROLD - Une agence de location ? Cet appartement n'est pas à vous ?

Marina - Je ne suis pas en location, c'est mon appartement. Ce sont eux qui font partie de la location.

Harold - On ne peut pas louer des personnes, c'est complètement fou cette histoire ! *(Implorant le ciel.)* Aidez-moi à rester les pieds sur terre pour comprendre là où je suis !

Christian *(à Isabelle)* - Nous n'avons pas parlé de votre agence « Des filles et des gars Daizeau ».

Harold - Il y a un dégât des eaux ?

Marina - Il n'y a pas de fuite d'eau. Ça ne va pas être facile à vous faire comprendre.

Isabelle - Au point où vous en êtes ! Vous vous rendez tout de même compte que la situation n'est plus crédible à cause de vous ?

Harold *(hésitant)* - L'agence « Des filles et des gars Daizeau » ? Je suis en train de me noyer !

Isabelle - C'est mon nom, Daizeau.

Harold - Cette agence existe vraiment ?

Marina - Grâce à Isabelle et à son agence, j'ai pu reconstituer une famille. Une famille comme on en rêve tous : un bon mari, un enfant, une belle-mère sympathique… Hélas pour moi, je me suis bien trompée : j'ai obtenu l'inverse de ce que je recherchais.

Colette - Je suis l'inverse d'une belle-mère sympathique ? Je vous remercie de l'honneur que vous me faites.

Isabelle - L'objectif de mon agence est de reconstituer en peu de temps une famille. Normalement nous n'avons aucun problème, je puis vous l'assurer, mais ce soir on a dérapé !

Colette - Harold ! Il en fait une tête ! N'hésitez pas sur le remontant dans ces cas-là !

HAROLD - Je suis dans un autre monde. Je n'arrive toujours pas à saisir qui est qui. Rassurez-moi, Marina, vous êtes vraiment la personne qui travaille avec moi dans ma société ou vous êtes tous des clones ?

MARINA - Je suis bien la Marina que vous connaissez et qui travaille avec vous.

HAROLD - Mais les autres, eux, ils sont faux, n'est-ce pas ?

ISABELLE - On ne peut plus rien vous cacher. *(D'une manière très commerciale.)* Je suis la présidente de l'agence « Des filles et des gars Daizeau ». Vous louez qui vous voulez : père, mère, fille, fils, grand-père, grand-mère, bras cassé…

COLETTE - … belle-mère !

ISABELLE - Nous animons des soirées, nous recomposons des familles, le tout en vingt-quatre heures. Voici ma carte.

HAROLD - Il existe quelques paramètres à revoir dans votre agence.

ISABELLE - Nous avons été pris de court avec vous. Vous êtes arrivé trop vite. J'ai dû rétrécir le temps d'adaptation, je n'ai pas pu briefer mon personnel et, à un moment, c'était fatal, ça devait capoter. Vous savez ce que c'est le personnel !

HAROLD - Marina, pourquoi toute cette mascarade ?

MARINA - Pardonnez-moi monsieur le président, mais je voulais vous faire comprendre que j'avais une vie de famille comme tout le monde, avec un mari, une fille, une belle-mère… Comme vous aviez décidé de venir et que ma meilleure amie ne voulait pas me prêter son mari, j'ai fait appel à cette agence pour reconstituer une famille.

HAROLD - Vous auriez pu vous passer de la belle-mère.

COLETTE - Non mais dites donc !

ISABELLE *(toujours commerciale)* - J'ai oublié de vous avertir qu'à partir de trois locations de personnages, le tarif est dégressif pouvant atteindre trente pour cent de réduction. C'est quand même important de le signaler.

HAROLD *(à Marina)* - Vous n'aviez pas besoin de reconstituer une famille. Le célibat vous va très bien.

MARINA - J'en suis convaincue, monsieur le président. Je voulais simplement rester seule ce soir, ne penser à rien, ne voir personne, ne surtout pas parler travail. Prendre un bon bouquin, un plateau-repas et me reposer dans le calme. Je suis complètement passée à côté. C'est ma faute toute cette mascarade.

HAROLD - Pardon d'avoir insisté pour vous rencontrer ce soir. Involontairement, je suis le concepteur de cette soirée. Je retourne à l'aéroport reprendre mon avion. Je tenterai de défendre notre dossier à New York. Je m'en veux terriblement, Marina.

COLETTE - Qu'est-ce qu'il est bien le Harold ! S'il faisait partie de l'agence, j'en ferais bien mon mari ! Moi, j'ai adoré cette soirée !

ISABELLE *(à Marina, toujours commerciale)* - Ne vous en faites pas pour le prix de cette prestation. Je vais l'annuler et remettre de l'ordre dans mes locations. Je vous ferai un bon de réduction pour une prochaine fois.

MARINA - Il n'y aura pas de prochaine fois.

CHRISTIAN - Vous permettez que je salue mon ex-épouse ? *(A Marina.)* Vous étiez formidable. Je me sens responsable de ce capotage. Je vous présente ma vraie épouse, Carole. Nous sommes mariés depuis plus de deux ans. On ne devrait pas travailler en famille.

ISABELLE - Je retiens la leçon.

MARINA - Votre capotage, mon cher mari, est le bienvenu. Toute vérité déclarée arrange souvent le cours de la vie.

Colette *(avisant le téléphone portable de Marina)* **-** Votre portable vibre, mon ex-belle-fille !

Marina - Excusez-moi, ces téléphones… *(Prenant la communication.)* Allô ! (…) Elise, ma cocotte ? (…) Ton mari vient de rentrer du foot, il veut bien jouer mon mari ce soir ! (…) Je te remercie, les maris je vais m'en passer encore un petit bout de temps ! (…) Je viens de décider de m'absenter quelques jours. (…) Je m'envole pour l'étranger… à New York !

Harold - Marina, vous m'accompagnez ?

Isabelle - Vous abandonnez votre famille ?

Marina - Et sans regret ! La vie de famille, c'est une véritable pagaille… mais… mais…

Tous - … joyeuse !

FIN

AVIS IMPORTANT

Cette pièce de théâtre fait partie du répertoire de la Société des Auteurs et Compositeurs Dramatiques, 11 bis rue Ballu 75442 PARIS Cedex 09. Tél. : 01 40 23 44 44. Elle ne peut donc être jouée sans l'autorisation de cette société.

Nous conseillons d'en faire la demande avant de commencer les répétitions.

2e trimestre 2006
Première édition, dépôt légal : avril 2006
N° d'édition : 200616
ISBN : 2-84422-505-5